아내를 알면
세상이 새롭다

아내를 알면 세상이 새롭다

이정남 가정학 에세이

도서출판 푸른숲

차례

책머리에 · 8

제1부 나도 정신과에 가봐야 하지 않을까

정신과 의사를 찾는 사람들 · 12
어린이들도 스트레스를 받는다 · 18
청소년문제가 시작되는 중학생들 · 33
방황하는 고등학생들 · 41
자아실현의 갈등이 시작되는 20대 · 55
불만이 봇물처럼 터지는 30대 여성들 · 67
우울증에 시달리는 중년 여성들 · 83
인생의 황혼기를 맞이한 노년들 · 101

제2부 옥신각신 부부 사랑학

사랑의 묘약은? · 112
끼 있는 아내와 의심 많은 남편 · 117
싸울 땐 화끈하게 · 121
의창에 비친 현대인의 성 · 125

다른 집과 비교하는 부부 · 130
오누이 같은 부부 · 134
남성과 여성의 특성은? · 138
중년 부부들 · 142
칭찬을 아끼지 않는 부부 · 146
부부사랑의 뿌리는 · 150
자녀의 성차별 · 154
부부여 노래를 불러라 · 158
중동마을 산수유 같은 부부들 · 162
권태기와 변화 · 165
서로의 건강을 내 몸같이 · 169

제3부 새로운 인생을 시작하는 중년 여성
목적의식과 삶의 의미 · 174
올바른 건강관 · 179
세계적인 장수촌의 비결 · 184
어떻게 스태미나를 보강할 것인가 · 189
'화병'이란 무엇인가 · 194

어느 어미새 이야기 · 199
중년기의 위기관리 · 204
여자나이 35세의 의미 · 209
추수하는 40대 · 214
화목한 가정생활이 행복의 지름길 · 218
겨울이면 깊어지는 우울증 · 223

제4부 스트레스, 어떻게 다스릴 것인가
스트레스란 무엇인가 · 226
스트레스와 질병과의 관계 · 232
스트레스를 어떻게 해소할 것인가 · 237
수험생 스트레스 · 243
의사와 스트레스 · 245
인간관계와 스트레스 · 252
정신과 육체는 하나(心身一如) · 255
인간과 자연은 하나(身土不二) · 264
정상적인 정신상태란 · 269
담배와 건강 · 274

■책머리에

건강하고 풍요로운 삶을 위하여

　　지난 주말엔 지리산 피아골 단풍구경을 다녀왔습니다. 가을 햇살이 쏟아지는 섬진강변은 언제나 포근하고 아늑한 느낌을 줍니다. 일상의 굴레를 벗어버리고 자연의 품 속에 안기는 것만큼 행복한 시간은 없을 것입니다. 한 주 동안 쌓였던 스트레스가 확 풀리고 온 몸엔 생기가 넘칩니다.
　　우리는 스트레스란 말을 매일 사용합니다. 그만큼 스트레스가 많은 시대에 살고 있습니다. 현대병의 주범인 스트레스를 극복하지 않으면 건강을 지킬 수 없습니다. 그러나, 그 뜻을 정확히 알고 대처하는 사람은 드뭅니다.
　　심신일여(心身一如). 정신과 육체는 하나인데도, 어떤 이들은 건강이라면 육체만을 생각합니다. 동의보감에도 심자일신지주(心者一身之主)라고 씌어 있듯이, 정신이야말로 우리 몸의 주인이고 건전한 정신에서 건강한 육체가 만들어지는 것입니다.

이 책은 정신과 육체의 상호관련성을 이해하고 스트레스가 어떻게 해서 질병을 일으키는가를 일반인들이 알기 쉽도록 풀이하였고, 스트레스로 인해 발병한 백여 명의 정신과 환자 사례를 들어 이해를 돕도록 했습니다. 국민학생에서 노인까지 모든 연령층이 등장하지만, 특히 주부들이 많습니다. 그래서, 건강한 가정생활에 대한 이야기도 곁들였습니다.

행복의 뿌리는 바로 가정이고, 현대가정의 핵을 이루는 부부관계가 가정의 행복을 좌우합니다. 핵가족은 대가족제도와는 달리 부모의 영향력이 절대적이기 때문에 정신병리까지도 자녀에게 그대로 전달됩니다. 유엔이 금년을 '세계 가정의 해'로 정한 것도 가정의 중요성 때문입니다.

건강한 삶을 바라고 행복한 결혼생활을 꿈꾸는 모든 이들에게 이 책은 도움이 될 것입니다. 상담관련분야에 관심있는 분들도 이 책을 눈여겨보아 주었으면 하는 바람을 가져봅니다.

항상 좋은 책을 만들어주시는 김혜경 사장님과 편집부원 여러분에게 고마움을 전하는 바입니다.

1994년 늦가을, 무등산 기슭에서
이 정 남

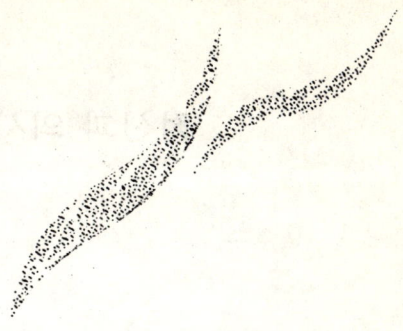

제1부
나도 정신과에 가봐야 하지 않을까

정신과 의사를 찾는 사람들

몇 평 안 되는 좁은 진료실을 지키기 시작한 지 어언 이십 년. 그동안 수천 수만 명의 환자들과 마주쳤다. 찢어지게 가난한 사람에서부터 엄청난 부자까지. 낫 놓고 기역자도 모르는 무식꾼에서 자신만만한 지식인들까지 별별 사람들과 만나면서 세상의 한 단면을 보았다. 무엇이 이들로 하여금 정신과 의사를 찾게 하는가? 어떻게 하면 이들을 정상적인 생활을 할 수 있도록 도와줄 것인가? 줄곧 생각하고 고민해왔다. 아마 이런 고뇌는 앞으로도 계속되어질 것이다.

전국민의 삼분의 일이 앓고 있는 노이로제
우리나라 사람들은 정신과에 대한 인식이 아주 부족하다. 정신과는 미친 사람이나 가는 것으로 생각하는 수준이다. 심지어 방송인이나 신문기자들까지도 '정신과에 오는 환자들은 어떤 사람들인가요' 하고 묻기 일쑤이고, 지식인들을 포함한 일반인들도 대체 어떤 사람들이 정신과에 갈까 무척 궁금해 한다. 그러한 질문의 밑바닥에는 정신과 환자를 별종으로 보고 '최소한 나는 정신과에 가지 않을 사람'으로 선을 그어놓은 사람들이다.

그러나, 현대병인 노이로제 증상은 전국민의 삼분의 일이 앓고 있는 병이다. 급변하는 사회와 치열한 경쟁에서 살아남기 위해서는 어느 정도 신경증적 반응을 보일 수밖에 없다. 억울한 일이 얼마나 많으며 가슴 조마조마한 일들이 얼마나 많이 일어나는가 말이다. 오히려 큰 도둑놈, 사기꾼, 엄청난 살상을 한 자들이 아무 증상 없이 잠 잘 자고 잘 먹어서 비곗살만 피둥피둥 쪄 돌아다니고 있지 않은가. 정신과 환자들이야말로 오히려 순박하고 곧이 곧대로 세상을 살아가려고 하기 때문에 답답하고 융통성이 없어 보일 뿐이다. 어느 30대 초반의 담배수매 판정관은 돈 받고 이등급짜리를 일등급으로 올려주고 그 죄책감에 시달리다가 불면과 우울증에 걸렸는데, 이런 환자를 졸장부로 취급하는 것이 오늘날 우리가 살고 있는 사회이다. 몇십만 원 봉투 받은 사람은 뇌물수수죄로 구속되고 몇십억 받은 사람은 정치헌금을 받았다고 큰소리치니 과연 누가 더 큰 도둑놈인가 말이다.

개인의 성격과 환경과의 갈등
모든 정신과 환자들은 개인의 성격과 그가 처한 환경과의 갈등이 발병의 주된 원인이다.

어린이들은 부모들의 양육태도에 따라 절대적인 영향을 받는다. 어머니의 갈등이 자녀에게 전해지므로 같은 부모 밑에서 양육받은 형제들은 유사한 증상을 갖고 있다. 언니를 치료하다보면 동생을 데려오고 오빠까지도 치료받아야 할 사람으로 등장한다. 불안도 주위 사람들에게 전달되고, 정신병도 전염병과 같이 함께 살고 있는 사람들에게 전염될 수 있다는 말이 사실임을 알 수 있다.

청소년들은 학교공부에 대한 고민이 제일 많다. 정신과에 내원하는 청소년들은 거의 대부분 공부와 관련된 증상을 갖고 있다. 부모는 자기 자녀의 그릇 크기를 모른다. 얼마나 많은 부모들이 자신들의 만족을 얻기 위해 자녀들을 다그치고 몰아붙이고 있는가. 제발 이제 그만 원풀이 한풀이 교육을 그만둘 때가 되었다. 도둑질해서 재산 모은 아버지 존경할 자식 없고 사기쳐서 출세한 아버지 말 들을 자식 없다. '물질적 풍요가 정신적 빈곤감을 가져왔다'고 서구 문명을 통렬히 비판한 에리히 프롬의 말을 되새겨야 할 때가 되었다. 세계에서 복지제도가 가장 잘 되었다는 스칸디나비아반도 등이 북구라파에서 자살률 일위를 차지하고 있다는 것은 결코 물질이 인간을 행복하게 만들지 않는다는 증거가 아니고 무엇인가?

결혼한 사람들은 부부간의 갈등이 주종을 이룬다. 특히 아내들은 남편의 경직된 태도와 무관심 때문에 발병이 된 경우가 많지만 남편들은 한결같이 아내의 성격을 탓하면서 '아무것도 아닌 일을 가지고 자기 분에 못 이겨서 그렇다'는 것이다.

부부문제는 양측의 말을 다 함께 들어봐야 문제의 핵심을 정확히 파악할 수 있다. 아내 말을 들으면 남편이 죽일 놈이고, 남편

말을 들어보면 아내가 나쁜 사람이다. 그래서 흔히 부부문제는 반반의 책임을 가지고 있다고들 말한다. 그러나, 치료자는 정신과에 찾아온 사람이 피해자라는 사실을 잊어서는 안 된다. 피해자를 도와주는 방향으로 치료방향이 결정되어야 되겠고, 피해자가 억울함을 씻고 고통에서 해방될 수 있도록 도와주어야 한다.

정신과 진료실을 찾는 사람들 중에 가장 많은 사람들은 중년여성들이다. 아마 절반 이상이 30~40대 여성들일 것이다. 절이나 교회를 찾는 신자들이 대부분 여성들이라는 사실을 상기하면 이해가 빠를 것이다. 정신과를 찾는 환자들 중 의외로 신앙을 가진 사람들이 많은데, 현세의 불만이나 갈등이 신앙에 의지하고 상담실을 찾는 동기가 되지 않을까 생각된다. 이들은 진정한 신앙의 길을 걷기보다는 기복적인 신앙태도를 가지고 있기 때문에 종교를 가지고 있으면서도 문제해결을 하지 못하고 헤매고 있는 것이다. 여기에는 일부 종교지도자들의 독선이나 교세확장을 위한 수단으로 준사이비종교화한 데도 그 원인이 있다. 폐결핵환자를 약 끊고 안수로 치료하라는 등 무모하고 반미치광이 같은 짓을 서슴지 않고 있다.

부처님도 사람 봐서 설법하라 했다. 그 사람 수준이나 문제를 파악하지 않고 무조건 '너는 죄인이다'라고 죄의식을 부추기니 그러지 않아도 죄책감 많은 환자들은 더욱 절망의 늪으로 빠져들고 있다. 참으로 한심한 노릇이다.

또한 중년여성들 중에는 폐경에 대한 올바른 지식이 없다. 폐경기도 사춘기와 같이 정상적인 생리현상인데 이를 병적으로 받아들이는 경우가 많다. 그래서 폐경이나 갱년기에 대한 교육이 절대적으로 필요하다고 본다. 뿐만 아니라 대부분의 여성들이 미신에 사로잡혀 있어 점하고 굿하고 야단법석이다. 무슨 놈의 귀신이 그렇게도 많은지. 어느 집 따지고 보면 귀신 없는 집 있을라고. 주부들의 과학적인 사고, 합리적인 사고가 너무도 아쉽다. 주부들의 건강관에 따라 그 집안식구들의 건강문제가 결정된다. 타고난 체질도 있지만 특히 식생활에 따라 그 가족일원에 대한 신체 특성이 결정되므로 어느 집안은 위병이 많고 어느 집안엔 호흡기가 약하게 된다.

노인들 문제도 날로 심각해져 간다. 아들에게 따돌림당하고 며느리에게 구박받는 시아버지 시어머니들이 늘어가고 있다. 고령화로 인한 노인성 치매가 급격히 증가하고 있으며, 치매환자가 있는 집안에서는 경제적 여유하고는 관계없이 가족들이 엄청난 고통을 겪고 있다. 노인전문병원이 전무한 상태에서 노인들은 자꾸만 한구석으로 몰리고 있다. 자살을 생각하는 노인들, 살아온 생을 후회하는 노인들의 한숨소리가 자꾸만 커지고 있다. 경제적 빈곤과 사회적 고립으로 이제 빨리 죽기만을 기다리는 노인들의 안타까운 현실을 이제 더 이상 외면할 수 없게 되었다.

예전에는 청소년문제에만 관심을 갖고 있었지만, 성인 후반에 대한 교육과 대책이 사회복지적인 차원에서 마련되어야 하겠다.

그러면 지금부터 어린이들을 포함한 10대, 20대, 30대, 중년, 노년 순으로 사례를 들어가면서 어떤 사람들이 정신과 의사를 찾아 상담을 하고 어떤 문제점들을 가지고 있는지 알아보고 그 대

책을 생각해보기로 한다.

  여기에 필자의 임상경험을 토대로 정신과 진료실에서 느낀 바를 가능한 한 솔직하게 표현하려 한다.

어린이들도 스트레스를 받는다

　스트레스 홍수 속에서 살아가고 있는 현대인들은 어린이라고 예외는 아니다. 부모의 스트레스가 그대로 여과 없이 아이에게 전달되고 치열한 경쟁 속에서 인정받으려는 이들의 노력은 스트레스로 이어진다.
　94년 들어 최근 삼 개월 동안 이정남신경과에 내원한 국민학생들은 모두 서른일곱 명이었는데, 그 중 간질을 포함한 뇌에 이상이 있었던 어린이 열아홉 명을 제외하고 나머지 열여덟 명이 정신적인 스트레스 때문에 일어난 행동이나 정신의 장애를 나타내고 있었다.
　얼굴을 찡그리거나 눈을 쉴 새 없이 깜박거리거나 갑자기 '으악' 하고 소리를 지르는 틱 장애(Tic disorder), 손톱 깨물기, 손가락 빨기, 야뇨증, 등교 거부, 도벽, 말더듬, 주의력 산만, 두통

등 정서불안이나 심리적 갈등에서 비롯된 증상들이 대부분이었다.

애들이 이런 정신과적 문제를 나타내면 먼저 엄마가 안절부절못하고, 죄책감에 빠진다. '내가 교육을 잘못 시킨 게 아닌가?' 하는 후회가 엄마들을 괴롭히는 것이다. 심리적으로 미숙한 엄마들은 아이에게 전적으로 책임을 떠맡기는 경우도 있다. 노골적으로 '나는 아무 잘못이 없다'고 말하는 엄마도 있다. 그러나 아이의 정신과적 문제는 전적으로 부모들의 책임이다.

한편, 어린이는 큰 문제가 없는데 어머니 자신이 불안해서 아이를 진찰시키는 경우도 허다하다. 또한, 성적을 높이는 방법이 무엇인가? 머리 좋아지는 약은 없는가? 머리가 조금만 아프다고 호소해도 공부를 못 할까봐 안절부절못하는 어머니들이 많아, 우리 사회가 지적 성취를 가장 큰 미덕으로 삼고 있으며 입시위주의 교육에 대한 부작용이 국민학교 어린이들에게도 그대로 나타나고 있음을 알 수 있었다.

한 가지 특이한 점은 국민학교 5~6학년 어린이들이 병원을 많이 찾아오고, 대부분 어머니가 병원을 데리고 온다는 사실이다. 아버지들은 직장일이다, 사회활동이다 바빠서 못 오겠지만 어머니들이 아이들의 교육을 맡고 있다는 증거이기도 하다. 치맛바람은 병원에서도 학교에서와 마찬가지로 불어온다.

부모와 자식의 홀로서기 과정

12세 남자 국민학교 육학년생이 어머니와 함께 병원을 찾아왔다. 1남2녀 중 막내로서 기다리다 얻은 아들임에 틀림없었다.

학교 정문 앞이 집이다. 어머니는 심심하니까 지난 해 일 년 동안 아들을 점심시간에 불러냈다. 따뜻한 밥도 먹이면서 귀여운 아들 얼굴 한번 더 보자는 것이다. 일 년 동안 모자는 신나게 다정한 시간을 보냈다. 그러다가 금년 들어 어머니는 친구가 물려준 문방구를 인수받았다. 아무래도 아들도 중학교에 가고 나면 홀로 덩그러니 집에 남기 싫어 일을 시작한 것이다.

아이는 점심도 학교에서 친구들과 먹어야 되고, 집에 일찍 돌아와봐야 엄마도 없어 점점 방황하기 시작했다.

집에 열시에 돌아오는 엄마를 기다리다 못해 오락실에서 시간을 보내기 시작했다.

엄마는 당황했다. 귀여운 아들이 점점 비행청소년이 되고 있는 것 같아 불안해지기 시작했다.

엄마는 필자에게 '가게를 그만둘까요?' '아이와 다시 점심을 먹어야 됩니까?'라고 물어왔다.

자식은 떠나보낼 준비를 해야 한다. 귀엽고 사랑스러운 자식일수록 홀로 설 수 있게 길러내야 하는 것이 부모된 책임이다. 영원히 그 자식을 돌봐줄 수 없는 것이 부모의 입장이라면 가능한 한 일찍 독립심을 길러주고 자립할 수 있도록 도와주어야 한다. 어떤 엄마들은 자식이 독립해 나가는 것을 방해하는 경우가 있다. 영원히 자신의 치맛자락 속에 파묻어두려 한다.

세상의 엄마들이여! 자식들이란 뱃속을 나와 탯줄을 끊을 때부터 독립을 시작했고 완전한 독립을 위한 행진은 멈춰서도 안 되고 너무 속도가 빨라 넘어지게 해서도 안 된다는 사실을 알라. 점진적으로 아이가 받아들일 수 있도록 끊임없는 설득과 이해를 구해야 되나니.

남편에 대한 불만이 아들에게로

12세 국민학교 육학년 미남 남학생이 내원했다. 대기실에 들어오자마자 '까악' 하고 소리를 질러대서 사람들이 모두 놀랄 지경이었다.

진료실에 들어와서도 '까악' 소리를 지르는 음성 틱(Tic) 이외에는 싱글벙글 웃으면서 말도 잘한다.

엄마가 너무 수다스러운 것 같아 아이하고 단둘이서 면담을 시작했다.

그 미남 소년왈 '일부러 할 때도 있고 자신도 모르게 나오기도 한다. 주로 엄마가 속상하게 할 때 일부러 소리를 지른다. 엄마와 아빠가 말다툼을 많이 하는데, 엄마가 아빠를 화나게 만들므로 엄마가 나쁘다'고.

학교 성적도 반에서 일등이고, 똑똑한 아이다.

어머니를 따로 만났다.

그 엄마는 스무 살에 동갑내기 현남편을 만나 열애끝에 이 아이를 임신하였으나, 남편은 군입대하고 말았다. 처녀인 몸으로 임신한 채 시댁에 들어가 아기를 낳고 애아빠가 제대하기만을 기다렸다.

애아빠가 제대한 뒤 세 살 먹은 아들을 안고 결혼식을 올렸다. 결혼식장에서 쏟아지는 눈물을 주체할 수가 없었다. 힘들고 어렵게 살아온 시집살이를 그 누가 알랴.

남편은 너무도 여성처럼 순하고 아내의 말이라면 전적으로 수용하는 형이다. 그러면 그럴수록 남편이 남자답게 자기를 이끌어 주기를 바라고 의지하고 싶은 욕구가 일어났다. 그래서 남편을 들볶게 되고 서로가 말다툼이 잦아진다.

그러나 아들은 부모의 심정을 다 이해하지 못한다. 부모가 싸우면 불안하고 아빠에게 대드는 엄마가 미웠다. 불안이 틱(Tic)을 일으켰고 엄마를 골탕먹이려는 무의식적인 동기가 증상을 악화시킨다.

사랑의 열매인 아들을 지극히 사랑하면서도 한편으로는 이 아들 때문에 당했던 고통이 아들에게 귀찮은 감정을 무의식중에 싹트게 했다. 엄마와 아들간의 감정적 대결은 이런 배경을 깔고 있었다.

대개 아이들의 정신적인 문제엔 부모들이 깊이 개입되어 있다. 의식, 무의식적인 동기가 증상을 만들고 악화시키는 계기가 된다. 이 어린이는 그 엄마를 치료하고 나서 증상의 호전을 보였다.

주말부부의 아이

국민학교 오학년에 다니는 11세 남자 어린이가 내원하였다. 부모는 늦게 결혼하였고 마흔 살이 다 되어 낳은 아들이다.

이 아이의 문제는 무기력하게 잠을 자거나 지갑에서 돈을 훔쳐 군것질을 하든지 전자오락실에 가는 것이다. 엄마는 교육자이고 아빠는 외지에서 사업을 하기 때문에 주말부부이다. 위로 누나가 한 명 있지만 중학교에 다니기 때문에 학교에서 돌아오면 혼자다.

요즘 아이들은 참 심심하기도 하겠다. 옛날 우리 자랄 때는 형제가 많고 놀 수 있는 동무들이 많아 학교에서 돌아와도 심심한 줄 모르고 자랐다. 또 공부도 많이 하지 않았기 때문에 주로 노는 것이 일과였다. 요즘 엄마들 같으면 그렇게 공부 안 하고 뛰노는 아들을 정서불안이라고 병원에 데려왔을 것이다. 그러나 필자는 어머니로부터 공부하라는 말을 한 번도 직접 들어본 적이 없었던 것 같다. 떡시루 해놓고 손을 싹싹 비비면서 훌륭한 사람 되라고 조상님께 비는 광경은 수없이 봐왔지만.

이 아이는 아버지에게 문제가 있었다. 아버지는 가난한 집안에서 태어나 검정고시로 일류대학을 나왔으며 현재는 돈도 많이 벌고 있다. 어린 시절 너무 가난했기 때문에 자녀들에게 경제적 어려움을 주어서는 안 된다고 생각하고 있어 주말에 집에 오면 아들에게 용돈을 듬뿍듬뿍 준다. 아이의 씀씀이는 자꾸 커지고 어머니는 이러한 아들을 통제하다 보니까 이제는 훔치기에 이르렀다.

자녀교육엔 부부가 손발이 맞아야 한다. 흔히 꾸짖을 때 엄마가 옆에서 역성드는 경우가 있는데 이건 아이에게 아주 나쁜 영향을 미친다. 물론, 부모 어느 한편이 잘못 훈육하는 것을 옆에서 보고 있으면 울화통이 터져 꾸짖는 사람의 행동을 비판하고 부부싸움으로 번지는 경우도 있다. 이렇게 한 가지 일을 놓고 서로 반대되는 태도를 취한다면 아이는 버릇을 고칠 수 없다. 이 아이는 아버지의 훈육태도를 바꾸도록 노력하고 엄마와 일치시켜 나가도록 권유했다. 훔치는 아이의 행동을 나무라면서도 바로 그 원인 제공자가 자신인 줄을 아빠는 모르고 있었다.

한국의 졸부들이 자식을 버려가는 과정도 이와 유사하다. '내가 어린 시절 못 먹고 못 배웠으니까 너희들에게는 최소한 돈걱정은 안 시키겠다'고 소박한 철학(?)을 가지고 있다. 부자나 가난한 사람이나 돈을 옳게 쓰는 법을 먼저 가르쳐야 한다. 그리고 돈버는 방법도 일러주어야 한다. 필자는 아들에게 '최소한 네 처자식을 먹여 살려야 한다'는 말을 빼놓지 않는다.

5세 전후는 심리학적으로 중요한 시기

뾰쪽한 물건만 보면 눈을 찌를 것 같아 무섭다는 국민학교 사학년 여자아이가 왔다. 엄마를 계속 안 떨어지려고 하니 시장도 제대로 못 간다는 것이다.

자세히 이야기를 들어보니 엄마가 4~5세경에 정신과 병원에 입원하게 되어 할머니한테서 자랐다는 것이다.

심리학적으로는 5세 전후는 중요한 시기로 본다. 신경증의 원인이 되는 일들이 대체로 이 시기에 일어났던 것을 흔히 경험한다. 이 아이도 결정적 시기에 엄마와 강제로 떨어지면서 우울과 분리불안을 경험했을 가능성이 크다. 그 상처가 오늘의 이 증상하고 관련이 있을 것이다.

흔히 시골에서 공부를 잘 시키겠다고 국민학교 때 부모와 떨어져 도시에서 할머니와 함께 공부하는 아이들이 아주 많은데 정신의학적으로 좋은 현상이 아니다. 아이들은 가능한 한 부모의 따뜻한 손길로써 길러져야 한다. 어린 시절 부모와 떨어져 있으면서 공부한들 정서적 불안이 있으면 그 아이는 일생을 불행하게 살아갈 수밖에 없다. 아이가 넉넉한 마음을 가질 수 있도록, 따뜻한 마음을 지니도록 길러야 행복하게 살아간다. 자연과 접하도록 하고 사람과의 관계를 소중하게 여기는 환경에서 자라야만 좋은 성향을 가진 사람이 될 수 있다.

어린이의 야뇨증

하루는 야뇨증이 있는 11세 여자 어린이가 어머니와 함께 내원했다.

출생 이후 거의 매일 야뇨가 있었다고 한다. 세월이 가면 좋아지겠지 기다렸지만 호전되지 않아 걱정하던 차에 신문에서 야뇨증에 대한 필자의 글을 읽고 찾아왔다는 것이다. 일반인들에게는 흔히 보는 병원 찾는 동기지만 이 어린이의 아버지가 의사라는 데 그저 놀랄 뿐이다. 의사가 자기 딸이 열 살이 넘도록 매일 야뇨증상이 있는데도 병원을 이렇게 늦게 찾아오니 일반인들이야 말하여 무엇하리.

환자를 치료하다 보면 답답하고 한심할 때가 한두 번이 아니다. 전통의학과 현대의학의 일원화가 안 되었을 뿐만 아니라 우리나라 사람들은 사천만이 모두 의사다. 아주 미신적이고 비과학적인 치료가 횡행하고 있음에도 언론이나 당국은 바라만 보고 있다. 버젓이 비의료인이 간판을 내걸고 의료행위를 하고 있는데도 속수무책이다. 흔히 길거리를 걷다 보면 '체냄'이라고 써붙여 있는데 그 사람이 돈 안 받고 무료로 체내준다는 말을 듣지 못했다.

의사들의 태도에도 문제가 많다. 의사면허증을 받고 나면 의학공부는 그만이다. 오죽해야 의사연수교육을 강제로 실시하고 있는데 그것도 형식적이다. 또 활발하게 토론도 하고 자문도 구하는 풍토가 전혀 마련되어 있지 않고 자기 혼자 잘나서 전문분야가 아닌 환자까지도 끝까지 잡아두고 치료하려 한다. 의사들이 얼마나 폐쇄적이었으면, '5세 이후에도 자다가 소변을 가리지 못하면 야뇨증'이라고 한다는 것도, 정신과 의사에게 의뢰하면 쉽게 치료할 수 있다는 사실도 몰랐다가 신문에서 보고 알았다는 말인가.

또 어떤 의사들은 정신과에 자녀를 보내면 자기를 이상하게 볼까봐 일찍 데려오지 못하고 망설였다는 것이다. 그러나 야뇨증은 지능하고는 관계없고 꼭 심리적인 원인으로만 오는 것이 아니다. 이 여학생도 반에서 성적이 일등이고 부모도 따뜻하게 대해주며 부부간의 갈등도 없었다. 이런 경우를 일차성 야뇨증이라 하여 일종의 수면장애로 보는 것이다. 일차성 야뇨증 환자들은 잠을 깊이 잔다. 부모가 밤중에 깨워서 소변을 누이려고 하지만 잠에서 깨어나지 못할 정도이다. 이런 깊은 수면에 빠지기 때문에 방광문이 열리는 줄도 모르고 실수를 하는 것이다. 약을 먹으면 이런 깊은 수면에서 쉽게 깨어나 스스로 소변을 보러 가게 된다.

반면, 이차성 야뇨증은 평소 소변을 잘 가리다가 동생이 태어났다든가 가정불화가 있다든가 급격한 환경의 변화로 아이가 충격을 받았을 때 다시 야뇨가 시작되는 경우이다. 이런 때는 꼭 심리적인 면을 고려하여야 한다.

자녀교육에 있어서 아버지의 역할

'공부는 잘 하는데 신경질적이다'고 부모가 데려온 12세 남자 어린이가 있었다.

대부분 아이들은 정신과적인 어떤 문제가 있을 때 어머니가 병원에 데려온다. 물론 아버지는 직장이나 사업 등으로 바빠서, 시간이 많고, 아이의 문제를 비교적 소상히 알고 있는 어머니가 데려오는 것이 당연한 일일지 모른다. 그러나 다른 한편으로 생각하면 그만큼 자녀교육에는 어머니가 크게 관여하고 있다는 증거이다.

오늘날 자녀교육엔 아버지 역할의 감소가 큰 문제이다. 특히 사춘기가 시작되는 나이에는 엄마보다는 아빠의 참여가 중요한데, 지금까지 그냥 있다가 갑작스러운 관여는 오히려 역효과를 불러일으킬 수도 있다. 어린 시절부터 자연스럽게 대화도 하고 어울렸던 아빠는 아이들과 쉽게 대화가 통하지만 어쩌다 한 번씩 얼굴을 마주치면서 아빠는 돈이나 벌어오는 사람으로밖에 여기지 않던 차에 불쑥 아빠가 나타나면 아이들도 당황하고 아빠 자신도 어떻게 대할 줄을 몰라, 귀가 아프도록 들었던 자기 어렸을 때 보릿고개 이야기나 하니 자녀들에게 따돌림받기 일쑤다.

아이들과 대화하려면 아이들 입장이 되어야 한다. 정말 동심의 세계로 돌아가 보다 솔직해질 때 대화의 문은 열린다. 닫혀진 벽에 대고 아무리 소리친들 무슨 소용 있겠는가. 마음의 장벽을 제거한다는 것은 쉬운 일이 아니다. 진정으로 마음의 귀를 열고 흥미가 없더라도 들어주는 자세, 그들의 속마음을 이해하려는 진지한 태도를 끝까지 유지하여야 빼꼼히 속마음을 내비친다. 그러다가 눈치를 살피고 슬쩍 감추어버린다.

그 순간에 예리한 감각으로 살피지 않으면 눈치챌 수 없고 그런 태도로 속마음을 슬쩍 내보이는 것이 사춘기 아이들 대화의 특징이다. 그러니 성질 급한 아버지는 아이 마음을 더욱 굳어버리게 만들기 십상이다. 거기에 다그치면 집게마냥 자기만의 세계로 들어가버린다. 어르고 기다리면서 한눈 팔지 않는 끈질긴 태도야말로 사춘기 아이들과 대화하는 요령이다.

그런데, 이 아이는 아버지가 병원에 따라왔다. 아버지가 병원에 나타나면 반가울 때도 있다. 수다를 떠는 엄마들만 만나다가 선이 굵은 남자라도 만나면 서로의 마음을 알아줄 것 같아 우선 기대부터 한다. 그러나 그 기대는 일시에 무너지고 말았다. 아이가 병원에 오려 하지 않으니까 아버지가 강제로 데려온 것이다. 고집이 세어 어머니 말을 듣지 않으니 아버지에게 도움을 청한 것이다. 아이가 병원에 자연스럽게 따라오는 그 자체가 벌써 부모와 통했다는 것이고, 치료의 반은 이루어진 셈이다. 무조건 강제로 주사 맞히듯 병원에 데려오기만 하면 문제가 해결될 것으로 생각한다면 그것은 큰 잘못이다. 이 어린이도 병원에 와서 끝까지 의사와의 면담을 거부하고 심리검사마저 실시하지 못했다. 마치 의사를 자기 아버지와 비슷한 사람으로 대하고 있었다.

부모를 닮아가는 아이들

오후가 되면 머리가 아프다는 국민학교 오학년 여자 어린이를 데려온 엄마가 있었다. 공부를 해야 할 텐데 머리에 이상이 있으면 어떡하나? 하고 놀라서 찾아왔다. 이 엄마는 3남매를 모두 데려와 뇌파검사를 시켰던 자녀두통공포증(?) 환자였다. 엄마가 겁을 먹고 당황하니까 엄마를 조정하는 방법으로 두통을 자주 호소할 수도 있다. 어떤 엄마는 이상이 없다는 의사의 말을 몇 번이고 확인하면서 '정말 이상 없지요?'라고 다짐을 받는다.

엄마의 불안이 아이의 증상을 부추기고 있다는 사실을 알 리가 없다. 요즘 아이들이 얼마나 영악한데 엄마의 약점을 모를까? 아이들한테는 항상 당당하고 침착한 태도를 취해야 한다. 용기가 있어야 한다느니 훌륭한 사람이 되어야 한다느니 입으로만 지켜질 뿐 정작 부모를 보고 의식, 무의식으로 닮고 있다는 무서운 사실을 잊고 산다. 엄마가 불안하면 아이도 불안하고 엄마가 속이니까 아이도 거짓말을 한다. 무심결에 내뱉은 한마디를 아이는 그냥 지나치지 않는다. 자녀와 대화하고 있는 엄마들을 보고 있노라면 한심스러울 때가 한두 번이 아니다. 자녀교육은 어거지로 되는 것이 아니다.

부모의 평소 언행이 모두 자녀교육이기 때문에 그들 부모가 어떤 삶의 태도를 취하느냐에 따라 자녀의 인생항로는 결정된다. '개천에서 용난다'는 말은 현대가정교육에서는 결코 통용될 수 없다. '심은 대로 거두리라'가 옳은 말이다. 자녀에게 좋은 영향을 미치고 있는 부모는 어딘가 모르게 다르다. 부모가 삶의 모델이요, 인생의 모델이라는 자각이 올바른 가정교육으로 가는 첫걸음이다.

지혜로운 칭찬과 꾸중

공부는 안 하고 오락실에만 다닌다고 아버지에게 매맞은 뒤 주의가 산만하고 성적이 더 떨어졌다고 데려온 국민학교 육학년 남자 어린이.

훈육상 체벌이 필요하냐 나쁜 것이냐 하는 문제는 지금까지도 논란의 대상이 된다. 영국에서는 아이에게 매를 때릴 때 잘못한 일의 경중에 따라 매의 크기가 결정되고 매맞을 일을 했느냐를 의결하는 위원회가 있다고 한다.

체벌 그 자체가 문제가 아니라 당사자가 어떻게 그것을 받아들이느냐 하는 그 태도가 중요하다고 생각된다. 사람은 방망이로 맞아도 아프지 않을 때가 있지만, 나쁜 감정이 개입되어 있을 때는 손톱으로 튕겨도 몽둥이질을 당한 것같이 아픈 법이다. 때리는 사람의 감정, 맞는 사람의 태도에 따라 체벌의 효과는 결정되는 것이다.

심리학적으로 칭찬을 해주는 등 상(Reward)의 효과는 반짝 효과는 적지만 오래 가는 반면, 꾸중과 같은 벌(Punishment)은 즉각적 효과는 있으나 오래 가지 않는다는 점을 고려하여 적절하게 구사할 일이다. 그러나 가급적 칭찬을 많이 하는 것이 아이가 자신감을 갖게 됨을 알아야 한다. 그러나 전혀 꾸중을 모르고 자라난 아이도 문제는 있다. 아이의 행동이 어찌 다 옳겠는가? 고슴도치 자기 새끼 감싸듯 하니 그저 좋게 보일 뿐이지. 인정을 해주지 않는 것도 일종의 벌이다. 맘에 들지 않은 일을 했을 때 반응을 보이지 않는 것도 벌을 주는 것과 똑같은 효과를 보인다. 엉뚱한 행동을 했을 때 고개를 돌린다든지, 옳지 않은 말을 했을 경우 답변을 하지 않는 것도 벌이나 마찬가지이다. 무엇보다도 상처를 덜 주면서 옳지 않은 언행을 고쳐나가는 인내와 현명함이 필요하다.

문제어린이 뒤에는 문제부모가

어린이들의 증상은 비교적 단순하고 여러 가지 행동장애가 많으며 스스로 호소하지 않고 마치 증상을 즐기는 듯한 인상을 주는 것이 특징이다. 어른들은 자기변명을 잘도 하지만 아이들은 부모들이 알아서 자신을 이해해주기를 바라는 태도이다.

　어린이들의 정신과적인 문제는 남자 어린이들이 더 많다. 그런 점에서는 다른 소아과 질환에서도 마찬가지이다. 고학년에 올라갈수록 초기 청소년 문제가 표출되고, 여자 어린이들은 5~6학년, 남자 어린이는 국민학교 육학년에서 중학교 1~2학년에 걸쳐 사춘기 문제가 서서히 고개를 들기 시작한다. 반항하고 자기주장이 강해지고 잘 토라지고 신경질적으로 변한다. 부모에 대해서 비판적 태도를 갖기 때문에 고분고분하던 아이가 말을 듣지 않는다. 이게 다 정상이다. 이런 과정을 통해서 자기만의 세계를 확립해나가는 것이다. 그러나, 정신과적인 문제가 있는 아이들은 부모에게 끝까지 부정적인 태도를 취하고 학교나 선생님에게 언제나 불만투성이이며 자신감이 없고 열등감에 차 있다. 모두 다 훈육의 잘못이다. 정신과적인 문제가 발생하는 아이들은 원인 모르게 갑자기 성적이 저하되고 행동과 성격이 변한다. 그것이 쉽게 원상 회복이 안 되고 장기화되는 경향을 보인다. 이땐 전문가의 도움을 지체없이 받는 것이 좋다.

　국민학교 어린이들의 정신건강 문제는 어린이 자신이 타고난 기질, 지능, 신체적 조건, 가정환경 특히 부모들의 훈육태도와 부부간의 갈등, 아버지 역할의 감소와 어머니의 지나친 간섭 내지 독점, 그리고 학교교육환경과 불가분의 관계를 가지고 있다. 환경의 영향이 절대적이다. '문제어린이 뒤에는 문제부모가 앉아 있다'는 말이 있다. 문제부모가 문제어린이를 만든다는 말이다.

만약 자녀가 행복하게 살기를 바라는 부모라면 행복하게 사는 모습을 보여줄 일이다. 그게 가장 손쉬운 자녀교육방법이고 가장 좋은 길임을 확신한다.

청소년문제가 시작되는 중학생들

중학생이 되면 모두 사춘기에 있다. 사춘기는 육체적으로 이차성징이 나타나고 이성을 그리워하는 시기로서의 생물학적인 면을 강조한 말이다.

그러나 청소년기는 산업사회가 만들어낸 말이다. 산업사회는 고도의 기술과 폭넓은 지식을 바탕으로 이뤄진 사회이다. 여기에 적응하기 위해서는 일정 수준 이상 기술과 지식을 습득하지 않으면 안 된다. 이러한 것은 교육과정을 통해서 이루어지는데, 육체는 성장했지만 교육에 필요한 유예기간을 설정한 것이 오늘날 청소년문제를 야기시킨 원인이다.

조선시대에는 오늘날과 같은 청소년문제가 없었고, 아프리카 미개사회 또한 마찬가지이다. 여자아이가 생리가 시작되고 남자아이도 사정이 가능한 나이가 되면 통과의례를 통해서 막바로 성인대접을 해줌으로 청소년기의 갈등은 미연에 방지되는 셈이다. 청소년들은 조선시대 같으면 장가보내버리면 아무렇지도 않았을 고통을 후기 산업사회이기 때문에 겪어야만 한다. 어른들은 맘대로 즐기면서 청소년들에게만은 '해서는 안 된다'고 못박아놓은 것에 대한 호기심과 불만. 섹스, 술, 담배, 오락 모두 감칠맛 나는 것들 아닌가. 그런데 딱딱한 의자에 날이면 날마다 잡아 앉혀놓고 '공부해라, 놀면 안 된다'고 계속 들볶으니 신경질도 날 만하지 않은가.

엄마의 보상심리에 짓눌린 청소년

중학교에 막 입학한 쌍둥이 중 형이 내원했다

울면서 '공부 못 하면 어쩔까, 공부하기 싫어요'를 연발했다. 가족력을 살펴보니 어머니는 시집오자마자 단번에 아들 쌍둥이 낳아 단산했고, 자신이 고등학교 때 몸이 아파 공부를 못 해 주정뱅이 남편을 만난 것이 한이 되어 아들들은 공부를 잘 시키려고 결심했단다. 막노동하는 아버지는 하루가 끝날 무렵 얼큰하게 취해 돌아와 아내와 아들한테 폭군노릇하는 것이 인생의 유일한 낙이다. 아이들에게 매질하는 것이 다반사고, 아내는 남편에게 실망한 것을 오직 쌍둥이 아들에게서 얻으려는 듯 온통 교육에 매달린다. 엄마의 보상심리, 기대심리에 짓눌려 질식할 정도이다. 게다가 국민학교까지는 같은 반에서 공부하던 동생이 다른 학교에 떨어지자 서로 동반관계가 무너지면서 정서불안이 나타났다. 또 여기엔 영어 숙제를 잘못해 왔다고 호되게 꾸짖은 학교 선생님도 한몫 했다.

학생은 울면서도 말은 잘하는 편이었다. '의사가 되고 싶어요' '공부 않고 살고 싶어요'란 말을 듣고 있노라면 진짜 속마음을 말하고 있는 듯하였다. 공부 안 하고 의사되는 방법이 있으면 얼마나 좋겠는가. 동생과 같이 다니고 싶다고 하지만 현행 교육제도에는 전학도 맘대로 되지 않는다. 경직된 교육제도. 몸이 아파서 병원에 간다 해도 외출을 막는 학교교육. 과연 이렇게 공부 많이 시켜서 어디에 쓸 것인가. 미국은 고등학교 때까지는 운동이나 하면서 자유스럽게 학교생활을 하다가 대학에 들어와서 진짜 공부를 한다. 우리나라는 그 반대다. 오늘도 두 번 낙제당한 치대생에게 왜 낙제했느냐고 물었더니 선배들이 예과 때는 놀아야 한다고 충고해서 놀다가 학점을 못 땄다고 한다. 정말 한심스럽다. 얼마나 놀았으면 학점이 안 나올까. 치과대학을 갔다면 고등학교 땐 굉장히 열심히 공부했던 학생이다. 그렇게 짜여진 틀 속에 갇혀 있다가 갑자기 풀려나오니까 방향감각을 잃고 헤매지 않았겠는가. 대학사회가 연구하는 열기로 가득 찰 때 더 나은 사회가 될 것이다. 제발 이제 데모 그만하고 공부 좀 했으면 좋겠다.

엄마가 더 처참한 모습이다. 아들 특히 장남에게 걸었던 기대가 한꺼번에 무너지자 허탈해 하는 모습은 안타까웠다. 똑같은 쌍둥이로 태어났지만 동생은 잘 적응하고 있는 걸 보면 우리 사회가 얼마나 맏이에게 심적 부담을 안겨주고 있는가를 알 수 있다. 사회적인 역할부여. 너는 형이니까 더 공부 잘해야 된다느니, 더 참으라느니, 더 양보하라는 등 장남들은 특별 대우도 받지만 한편으로 짓눌림도 당한다.

이 학생의 부모를 치료하는 것이 더 문제였다. 아버지에게 충고하고 엄마를 설득도 했지만 효과는 미지수이다. 결국 학교를 휴학하는 수밖에 도저히 방법이 없었다.

청소년기의 문제는 아동기와 연장선상에 있다. 어린 시절 해결되지 못한 문제가 청소년기까지 계속되고 있는 것이다. 더 거슬러 올라가면 부모들로부터 문제는 시작되고 있다.

미움과 사랑이 뒤섞인 모성애

14세 중학교 이학년 여학생은 '돈을 훔쳐 달아난다, 거짓말을 잘하고 침착성이 없다, 집을 나가 아무 남자나 따라간다' 등의 행동장애로 내원했다. 이 학생은 사생아였다. 엄마가 유부남을 만나 이 딸아이를 낳고 헤어졌다. 결혼도 하지 않고 오직 이 딸 하나 믿고 세상을 살아왔다. 모은 돈을 가지고 이자놀이를 하면서 생활한다.

이 엄마에게 딸은 미움과 사랑의 대상이다. 사랑했던 남자에게서 태어난 사랑의 열매, 나의 발목을 잡은, 털어버리고 싶은 귀찮은 존재. 그래서 어느 땐 죽어버리라고 했다가 또 부둥켜안고 '불쌍한 것' 하고 등을 어루만지는 양가감정. 실제로 수없이 돈을 훔쳐 달아나버리면 찾는 데 몇 날 몇 주일 걸리고 전국 방방곡곡을 찾아헤매는 고통이 반복되어도, 딸이 없어지면 불안하고 잠을 못 이룬다. 어미로서 당연한 일이겠지 생각하는 사람들이 있겠지만 그 귀찮은 정도에 비해서는 이해가 가지 않을 정도로 침착성을 잃는다. 심리학적으로 보면 공서관계(Symbiotic relationship)라고 봐야 할 것 같다. 마치 어미소가 송아지를 떼놓고 몸부림치는 것 같은 표정을, 눈이 벌겋게 충혈된 모습을 보고 있노라면 저 것이 모성애겠지 하면서도 딸의 문제행동을 생각하지 않을 수가 없다.

　무엇이나 받아주는 훈육태도, 어렸을 때 돈을 훔치면 크면 좋아지겠지 하면서 불쌍하다고 꾸짖지도 않았던 것을 생각하면 도둑을 만든 장본인이 저 빗나간 모성애를 가진 어머니가 아니고 누구였겠는가. 그야말로 뿌린 대로 거두고 있는 것이다. 필자의 소견으로는 불치의 상태에 이르렀다. 정상적인 가정을 이루고 부부가 화합하는 환경에서 자랐던들 이 학생이 이렇게 되었을까?

　지난 번 소년원을 방문하고 많은 느낌을 받았는데, 이와같이 정상적인 부모역할을 할 수 없거나 부모가 없을 때 국가가 이를 대행하는 일을 해야 된다고 생각한다. 복지사회란 뭔가? 요람에서 무덤까지 모든 사람들이 자기의 능력과 환경과는 관계없이 똑같이 행복을 누릴 수 있도록 제도적 장치를 마련하는 것일 것이다. 이와같이 결손가정을 매워주는 일은 사회복지적인 차원에서 해결해야만 한다. 또한 능력이 있는 사람들은 물질로든지 아니면 순수한 노력봉사든지 이러한 불우청소년, 비행청소년문제에 참여하여 밝은 사회를 만드는 데 일익을 담당해야 한다. 비행청소년을 격리수용하는 것도 필요하겠지만, 따뜻하게 감싸주는 사회분위기 조성 또한 정말 필요하다. 우리 사회가 비행청소년을 꾸짖고 밀쳐냈지 언제 품 안으로 끌어안았는가? 서로 반성할 필요가 있다.

　동물적인 남성들. 여성을 오직 성적 욕구를 채워주는 대상으로밖에 생각지 않는 남성들. 그야말로 늑대들이 있는 것도 사실이다. 이 여학생이 따라간 남성들도 중년남성들이 대부분이었다.

청소년들을 나무라지만 어른들은 청소년들보다 더 나쁜 것 같다는 것이 나의 소견이다. 훨씬 도둑놈도 많고 사기꾼도 많고 성범죄도 뒤지지 않는다.

아이들은 열 번 된다

중2, 15세 남자. 3남1녀 중 장남. 사람 사귀기를 좋아하는 학생. 누가 부탁하면 거절을 못 하는 성질. 드디어 불량배에게 걸려들었다.

하루는 수업을 마치고 교문을 나서는데 낯 모르는 형들이 잠깐 보자고 했다. 사람좋은 이 학생은 그저 경계심 없이 따라갔더니 먹을 것도 사주면서 아주 친절하게 대해주었다. 소년기나 청소년기에는 자기에게 잘 해주는 사람을 따르는 법. 이 학생도 형들이 그저 좋았다. 그런 후엔 돈 훔치는 법을 가르쳐주고 그대로 한 번만 하라고 했다. 그렇지 않으면 지금까지 얻어먹은 돈을 다 내놓으라는 것이다. 형들이 망을 봐주고 시키는 대로 했다. 성공이었다. 한 번 성공하니 이젠 자신이 붙었다. 백화점 앞, 예식장 등을 돌아다니며 소매치기를 하다가 검거되었다. 형들은 도망치고 혼자서 구속되어 법원에서 1호처분을 받고 풀려났다. 1호처분이란 보호자에게 되돌아가는 처분이다. 그러나 보호자가 역할을 잘하면 문제가 없지만, 결손가정이든지 보호자역할이 잘 안 될 것으로 판단되면 보호자를 대신하여 법원에서 위촉한 소년자원보호자에게 맡겨진다. 이 학생도 이렇게 해서 맡겨진 경우인데, 상담지도 삼 개월 만에 꼴찌에 머물던 성적이 반에서 7등으로 올랐다. 청소년기에는 누구나 유혹에 빠질 수도, 과오를 범할 수도 있다. 그러나 맘만 잘 골라먹으면 전화위복이 되어 훌륭한 사람이 될 수도 있다. 그래서 우리 옛말에 '아이들은 열 번 된다'는 말이 있지 않은가. 아닌 게 아니라 청소년문제는 예측이 곤란하다. 전혀 싹수가 노란 아이들이 몇 년 후에는 아주 훌륭한 삶을 살고 있는가 하면 장래가 총망되었던 청소년들이 아주 나쁜 길로 빠져든 예도 허다하다.

엄마의 과잉간섭

어머니가 먼저 내원하여 딸의 문제를 상담하였다. 중3 딸이 '학교성적은 상위이나 어울리지 못하고 내성적이다, 정신적으로 문제가 있는지 모르겠다'는 내용이었다.

일단 성적이 제대로 유지가 되고 있다면 정신적인 문제는 크게 걱정하지 않아도 된다. 정신적인 문제가 있으면 학업성취가 어렵기 때문이다.

면담을 하고 심리검사를 했더니 다행히 큰 문제는 없었다. 어머니를 안심시키고 학생에게 자신감을 갖도록 일러준 것도 큰 도움이 되었으리라고 확신한다.

엄마는 중학교 교사이다. 학생에 대해서 과잉간섭하고 과잉기대하고 있었다. 작은 일에도 아이에 관한 한 나쁜 쪽으로 확대해석하는 경향이 있고, 인위적으로 성격을 바꾸려고 한다. 사람의 성격은 10세 이전 특히 7세 이전에 주춧돌이 형성되기 때문에 갑작스럽게 행동을 변화시키려고 하면 부작용이 생긴다. 차도 급브레이크를 밟거나, 달리다가 갑자기 핸들을 꺾으면 전복되듯이.

긴장성 두통

중3 남학생이 머리가 아프고 속이 메스껍다고 내원했다.

학생은 공부에 대한 압박감 때문에 긴장성 두통이 일어나 병원을 찾은 경우이다. 중3쯤 되면 벌써 입시전쟁이 시작되고 그 후유증으로 병원을 찾는다.

긴장성 두통은 모든 두통환자의 육십 퍼센트 이상을 차지한다. 특히 머리를 많이 쓰거나 경쟁적인 상황에 있는 사람들이 더 고통을 받는다.

물론 긴장성 두통을 잘 일으키는 것은 체질적인 것은 있지만 그 사람의 성격이 제일 중요하다. 쉽게 긴장이 되고 명랑한 생활을 하지 못하는 사람들이 이 병에 잘 시달린다. 공부에 대한 압박감을 덜어주고, 충분한 휴식과 스트레스 해소가 가장 중요하다. 공부에 대한 부담을 덜어주라고 부모들에게 충고하면 필자 보는 앞에서 '애야 뭘 걱정하냐, 낫고 나면 공부해라'고 한다. 부모의 마지막 속셈은 머리를 낫게 해서 공부시키는 것이다. 공부 우선으로 생각하고 있는 한 이러한 두통은 반복된다. 억지로 하는 공부로는 성공하지 못한다. 자발적으로 뛰어도 따라잡지 못하는데 억지로 해서 되겠는가.

이와같이 중학생이 되고 나면 공부에 대한 압박감과 여러 가지 비행에 빠져들기 쉽다. 오직 부모의 따뜻한 태도만이 비행을 예방할 수 있고 사춘기의 홍역을 잘 이겨낼 수 있다. 한때의 실수로 비행에 빠져들었다 하더라도 훌륭한 사람이 될 수 있는 가능성은 앞으로 얼마든지 있다는 사실을 잊어서는 안 된다.

방황하는 고등학생들

　내 기억으로 인생의 황금기는 아마 고등학교시절이었던 것 같다. 꿈이 있고 정열이 있고 무한한 미래가 있었던 시절. 고교시절은 언제나 아름다운 추억으로 다가선다.
　그러나, 지금은 아름다운 고교시절이 대학입시라는 지옥에서 시달리고 있다. 오죽해야 '행복은 성적순이 아니잖아요'라고 써놓고 스스로 목숨을 끊었겠는가. 오늘날 숨돌릴 틈조차 없이 '공부, 공부' 하면서 쥐어짜니 이렇게 자란 학생들이 만드는 사회는 어떻게 될까 궁금하다. 원래 공부(工夫)라는 말은 한올한올 정성을 들여 베를 짜는 직공(織工)에서 '工'자를 따오고, 자연의 순리대로 묵묵히 성실하게 농사짓는 농부(農夫)에서 '夫'자를 따서 '工夫'라는 말이 학문을 배운다는 뜻이 되었다 한다. 직공의 정성과 농부의 성실성이 합쳐진 것 같은 마음자세로 공부해야지 울면서 억지로 해가지고 어떻게 학문을 이룬다는 말인가. 이 입시위주의 교육제도를 바꾸지 않으면 사회는 자꾸만 거칠어지고 이웃도 없고 오직 무한경쟁, 적자생존, 양육강식의 정글의 법칙이 있을 뿐이다.

지나친 간섭이 부른 가출

고등학교 이학년 여학생이 빈번한 가출로 내원하였다.

하도 답답하여 친구들을 따라 집을 나갔더니 그렇게 홀가분하더란다. 잘못된 일인 줄 알면서도 친구들의 유혹을 물리칠 수가 없었다.

청소년기에는 교우관계가 중요하다. 어떤 친구를 사귀는가에 따라 행동이 크게 달라지기 때문이다. 아직 자아정체감이 형성되지 않은 시기에, 자기 인생의 방향이 확고하지 않은 상태에서 친구들의 영향은 지대하다.

우연한 기회에 친구들의 유혹에 빠져 한 차례 가출하자 가족이 등하교까지 감시하고 있으니 숨이 막힐 지경이고 어머니는 노이로제에 걸려 있었다. 순결여부까지 꼬치꼬치 캐묻는 가족의 성화에 가슴이 터질 것 같아 제2의 탈출을 시도했다. 이후에는 가족과의 전쟁이다. 붙들어두려는 가족과 도망치려는 청소년과의 숨바꼭질이 시작된 것이다.

'가족의 감시 속에서 하루빨리 벗어나고 싶다, 내가 이 세상에 태어난 것이 잘못이다, 남자로 태어났으면 얼마나 좋았겠는가'라는 말에서도 알 수 있듯이 현재의 삶을 부정하고 인생 자체를 거부하고 있다.

여자로 태어났기 때문에 받는 스트레스가 따로 있다. 순결에 대한 사회적 압력, 처녀가 아니면 시집가는 데 지장이 많다는 사고방식으로 자녀를 지도하고 있으니 차라리 남자로 태어났으면 얼마나 좋을 것이냐고 부르짖고 있다. 남자들은 뭇여자들과 잠자리를 해도 흠집 하나 안 나는데, 여자이기 때문에 처녀막이 있느냐 없느냐 따지는 남자들에게 당하고 있는 것도 사실이다. 그러나 그렇게 비열한 방법으로 여성을 옭아매는 남자라면 일찌감치 포기하는 편이 낫다. 이 여학생의 부모에게는 지나친 간섭과 감시를 하지 말고, 스스로 인생을 책임질 수 있도록 하고, 따뜻한 가정을 만드는 데 노력하도록 도와주었다.

부모가 만드는 고3병

배에 가스가 차고 가슴이 두근거린다는 여학생이 내원했다.

고등학생들이 이러한 증상으로 병원을 찾으면 제일 첫번째 묻는 말이 '몇 학년이냐'이다. 고3병! 우리 사회가 만들어낸 자랑스럽지 못한 단어. 고등학교 삼학년에 올라와서 이 증상이 일어났고 학교에 가면 증상이 더 심해진다는 것이다. 아침 여섯시에 집에서 나가면 밤 열두시에 돌아오는 우리의 딸들. 운동부족에다 스트레스로 배에 가스가 차고 변비가 생기는 것 너무도 당연하지 않은가. 깔깔깔 웃고 운동장에서 힘차게 뛰노는 시간도 있어야 장운동도 좋아지고 얼굴에 생기도 돌 텐데, 얼굴이 모두 다 누렇게 떴다.

내과에서 종합검사를 수없이 하고 내과치료를 육 개월이나 받았다는 말을 들으니 먼저 화부터 난다. 아무리 멍청한 의사라도

고3병인 줄, 스트레스로 인한 위장계 심신증(心身症)인 줄 모를 리 없건만 낫지도 않는 약 주면서 육 개월씩이나 끌고 가는 그 인내심, 알아줄 만하다.

고3병은 우선 부모가 만든다. 부모의 의식, 무의식적인 언행이 자녀에게 일류대학 가라는, 최소한 사년제대학 가라는 말로 받아들여져 능력에 벗어난 욕심을 부리거나 심적 압박감으로 스트레스가 가중되어 병이 난 것이다. 즉 심리적인 요인으로 생긴 정신신체장애가 대부분이다.

고3병 자녀를 데려온 부모에게 '너무 공부에 대한 압력을 주지 말라'고 하면 그런 일이 전혀 없단다. 학생에게 물어보면 옆집 딸이 서울대학 들어갔다고 그렇게 부러워하는 부모의 태도가 나보고 서울대학 가라는 말이 아니고 무엇이냐는 것이다. 입으로는 아무 대학이나 가라고 말하면서 옆집 딸 부러워하는 태도를 취하는 이중구속, 그 부모의 진실을 어찌 모를까?

고3병의 예방은 자녀의 개성을 최대한 살려주고 능력에 맞게 대학을 선택하도록 지도하는 것이다. 정말 대학 갈 실력이 안 되면 고등학교 졸업으로 족하다는 부모의 태도가 전달될 때 밝고 명랑하게 고3시절을 보낼 수 있는 것이다. 행정고시나 사법고시에 합격하면 조선시대에 과거급제한 것과 같이 떠들썩하는 풍토가 하루빨리 사라져야 한다. 다양한 사람들이 각자 자기가 맡은 일에 자부심을 갖고 열심히 일한 만큼 인정받는 사회가 민(民)이 주인인 민주주의 사회이다. 청소하는 사람이 자신의 일을 소홀히 하면 거리가 어떻게 되겠는가? 자동차부품을 조립하는 사람이 적당히 해버리면 우리가 타고 다니는 차가 어떻게 되겠는가? 어느 것 하나 소홀히 할 수 없고 소중하지 않은 것 없는 사회가 민주주의를 기본으로 하는 현대사회이다. 정말 사람 위에 사람 없고, 사람 밑에 사람 없는 그런 사회, 직업에 귀천이 없는 사회가 빨리 와야 이 입시열병이 치유될 것이다.

성적 욕구와 그 해소법
'사촌오빠가 건드렸다'고 호소하는 고등학교 이학년 여학생이 내원했다. 면담을 해보니 앞뒤가 잘 맞지 않았고, 잠을 못 잔다느니, 의욕이 없고 학교에 가기 싫다는 등의 증상을 호소해 심리검사를 실시하였더니 정신분열증을 시사하는 결과가 나왔다.

흔히 청소년기에는 성적인 충동과 관련된 환상이 많다. 성적 욕구를 충족하는 방법으로 성적 환상을 갖는 것이다. 잠잘 때 침실에 들어와 강간하는 내용이랄지, 자기가 짝사랑하는 사람에게 애무를 받는다 할지.

결국 이 학생은 구인광고를 보고 술집으로 팔려가 몇 달 만에 돌아왔고, 강간을 당할 만한 장소를 배회하다가 성폭행을 당하는 등 의식, 무의식적인 성적 충동에 시달리고 있었다.

특히 남학생들의 성적 충동은 폭발 직전에 있다. 대부분 자위행위 등의 방법으로 성적 욕구를 충족시키지만, 성범죄의 가능성을 언제나 가지고 있기 때문에 세심한 주의를 요한다. 운동을 하든지, 건전한 방향으로 에너지가 발산되도록 지도해야 한다.

선생님의 말 한마디
등교를 거부하는 여학생이 왔다.

사람들이 싫고 죽고 싶다고 한다. 국민학교에서 중학교 이학년까지는 줄곧 우등생이었고 전혀 흠잡을 데 없는 아이였다고 한다. 중학교 삼학년 때 너무 우쭐대고 잘난 척하자, 담임 선생님이 친구들 앞에서 공개사과를 요구한 뒤부터 성적이 급격히 저하되고 성격이 돌변했다.

청소년기에는 학교 선생님의 영향이 절대적이다. 훌륭한 인격을 갖춘 선생님의 영향으로 훌륭하게 된 사람들이 많다. 그런 의미에서 교육방향은 학교 선생님으로부터 결정된다고 해도 과언이 아니다. 훌륭한 인품을 가진 사람들이 사범대학에 많이 지원해 사명감을 가지고 교육에 임해야 될 것이다.

선생님의 말 한마디, 몸짓 하나가 학생들의 인생을 좌우한다는 사실을 잠시도 잊어서는 안 될 줄 안다.

잊지 못할 어린 시절의 상처

아버지가 싫어 혼자 독립하고 싶다는 남학생이 내원했다.

아이큐(IQ) 140. 학교성적 상위권. 아버지는 자수성가한 중소기업 사장인데, 그 아버지의 권위에 도전하고 있는 것이다.

이유 없는 반항은 없는 법. 이 학생의 아버지에 대한 적개심은 아주 어린 시절로 거슬러 올라간다. 5세경이었다. 그때 열이 펄펄 나는 자기를 할머니에게 맡겨놓고 아버지는 어머니를 데리고 설악산으로 바캉스를 떠났다. 떨어지지 않으려는 어린 자기를 떼어놓고 아버지를 따라나서는 어머니도 원망스러웠다. 부모 입장은 아픈 아이를 데리고 가면 더 안 좋을 것 같아 그렇게 한 일인데, 어린 마음에는 버림받았다고 받아들였다.

어린 시절 고통스런 체험은 영원히 마음에 상처를 남긴다. 대체로 부모들은 자신의 언행 때문에 자녀들이 얼마나 큰 마음의 상처를 받는가를 모르고 지내는 경우가 많다.

혼자 살 수 있다는 말은 어린 시절에도 혼자 떨어져 있었는데 이만큼 자라서 혼자 못 살겠느냐는 뜻이 포함되어 있다. 갈등이 있을 때마다 그 어린 시절 아픈 상처는 마음을 어지럽히는 괴물처럼 떠오른다.

조울병

금년에 고등학교를 갓 졸업한 학생티가 채 가시지 않은 아가씨.

일 주일 전부터 '세상은 행복, 그 자체다'고 말이 많아지고 거침없는 성격으로 돌변했다. 원래 말이 없고 내성적인 이 아가씨는 성실하였다. 입사 후 열심히 일하는 모습을 보고 주위 사람들이 '잘한다, 잘한다' 하고 칭찬을 해주자 서서히 자신감이 생기면서 기분이 들뜨기 시작했다.

환자는 정동장애 즉 조울병을 앓고 있었다. 조울병은 소인(素因)을 가진 사람이 어떤 심리적 충격 등을 받을 때 그것이 유발 요인이 되어 발병한다. 기분이 들뜨거나 가라앉는 극단적인 변화를 보이는 것이 특징이다.

환자를 치료하면서 몇 차례 만나는 동안 대체로 그 사람을 파악하게 된다. 그런데 의사가 처방한 약을 불성실하게 복용하는 환자는 대개 예후가 나쁘거나 의사에게 불만을 가지기 쉽다. 이러한 환자들은 이 핑계 저 핑계 대면서 약을 안 먹은 것을 변명하지만 사실은 성격적인 문제이다. 학교 다닐 때 보면 결석 잘 하는 학생도 꼭 핑계는 있듯이. 환자는 정말 성실하였다. 처방해준 약을 꼬박꼬박 복용하고 오라는 날짜에는 빠짐없이 나온다. 누구나 칭찬받을 수 있는 착한 성품의 소유자였다. 육 개월 정도 치료하자 완전히 좋아졌다. 재발의 가능성은 있지만 리튬(Lithium)이라는 항조제(抗躁劑)를 쓰면 비교적 쉽게 증상을 호전시킬 수가 있다. 이 약은 원래 양이온 한 개를 가진 염기성 화학물질로 1940년대 후반에 우연히 조울병 환자에게 투여한 후 효과가 있다는 결과가 발표되었으나, 인정받지 못하다가 1960년대에 들어 드디어 그 효과가 인정되어 지금은 많이 사용되고 있다.

조울병은 재발의 가능성이 많은 질환이다. 그렇지만 심해지기 전 초기에 데려오면 금방 정상으로 되돌아간다. 지금 치료를 종료한 지 십 개월이 되었지만 찾아오지 않은 것을 보면 적응을 잘 하고 있는 것으로 생각한다.

고3 어머니병

'앞머리가 아프다, 시험 땐 더 심해지고 어지럽고 토할 것 같다. 집중이 안 되어 시험지를 끝까지 읽을 수가 없다, 시험기일은 다가오는데 큰일이다'고 호소하는 고3생. 누가 봐도 고3병임을 알 수 있다. 입시 스트레스, 대학을 진학해야 된다는 주위의 압력을 받고 있는 우리나라 청소년들만이 겪고 있는 사회병. 그래도 매스컴에 너무도 자주 오르내리니까 비교적 인식이 잘 되어 환자도 많이 줄어들고 있다. 그러나 고3 수험생을 두고 있는 어머니들이 앓고 있는 소위 '고3어머니병'은 쉬 사라질 줄 모르고 있으니 누가 고3병을 만들었는지 알 수 있을 것 같다. 지난 해 수능시험이 도입되는 등 입시제도가 바뀌자 자녀들 대학입시 때문에 병이 나서 찾아온 엄마들이 평년보다 세 배 정도 많았다는 사실은, 이 땅의 어머니들이 얼마나 자녀에게 집착하고 있는지를 말해준다. 아버지들은 자녀진학에 대해서 집착하는 경우가 비교적 적다. 어머니들은 그 모성애 때문에도 그렇겠지만 대리만족, 대리성취하는 경향이 있다. 여자로 태어나서 받은 불이익, 시집와서 쌓인 스트레스, 그리고 가사 외에 별다른 취미나 일 없이 생활하다 보니 그만큼 자녀에게서 모든 것을 얻으려고 하는 게 아닌가 하는 생각이 든다. 자신의 길과 자녀의 길은 따로 있다는 인식부터 달라져야 되겠고, 중년기에는 무료함이나 공허감에서 벗어나기 위해 꼭 적당한 일거리가 있어야 할 것이다.

강박관념, 강박행동

'교회 후배 남학생 얼굴이 떠올라 도저히 공부에 집중할 수 없다'고 호소하는 여학생.

언뜻 보면 이성문제 같지만, 지우려고 해도 지워지지 않는 강박관념에 시달리고 있었다. 강박관념은 생각 때문에 고통을 당하는 경우이고, 반복적인 손씻기나 문 잠그는 것을 확인하는 등의 강박행동이 있는데, 불필요한 것인 줄 알면서도 반복되는 것을 멈출 수 없는 것이 특징이다. 어떤 학생들은 옆자리에 앉은 학생의 얼굴이나 손이 자꾸 눈에 들어와 공부할 수 없다고 호소하기도 하고, 똑같은 숫자가 떠올라 다른 생각을 할 수 없어 괴로워하기도 한다. 어떤 남학생은 하루종일 사타구니를 씻기 때문에 손바닥이 벗겨지고 사타구니가 짓무를 정도가 되어도 그 행동을 반복할 수밖에 없다. 안 하면 더욱 불안해져서 견딜 수가 없기 때문이다. 어떤 학자들은 인간의 종교적 행위가 바로 이 강박관념 때문에 시작되었다고 주장하기도 한다. 신을 향해서 기도하지 않으면 극심한 불안에 휩쓸리기 때문에 기도하고 제사를 지낼 수밖에 없다는 것이다. 이 강박신경증은 완벽주의적이고 세심한 강박적인 경향을 가진 사람들에서 많이 발병하고, 노이로제 중에서는 가장 심한 병이다.

아들과 아버지

또 고3생이 내원했다.

'시력이 떨어져 안경 쓴 뒤, 공부에 50퍼센트, 안경에 50퍼센트 신경이 분산되어 공부할 수가 없다, 아버지는 무조건 좋은 대학만 가라고 하니 대화가 통하지 않는다'고.

대체로 아들에게 일류대학 가라고 다그치는 아버지는 열등감에서 헤어나오지 못한 경우이다. 이왕이면 좋은 대학에 가는 것이 좋지만 병이 나서 병원을 찾을 정도가 된다면 너무 심하다.

자수성가한 아버지들은 흔히 아들도 자기와 같이 열심히 살아주면 자기보다 몇 배 나아질 것 같지만 아들세대와는 격세지감이 있다. 안경 때문에 공부가 안 된다는 아들의 변도, 무조건 공부해서 일류대학 가라고 강요하는 아버지도 답답하기는 매한가지이다.

청소년기에 있는 아들과 아버지와의 대화는 대단히 중요하다. 그러나 부자지간의 원만한 대화는 하루아침에 이루어지지 않는다. 어렸을 때부터 놀이동무를 해주면서 많은 시간을 할애해야 허물이 없어져 쉽게 대화가 통한다. 오직 직장이나 사회활동에 열중하고 집안일에는 손님같이 대했던 아버지는 아들과 대화하기 어렵다. 요즘엔 말이 가장이지 아버지의 위치도 얼마나 노력하느냐에 따라 그 위상이 정립된다. 특히 요즘엔 핵가족화로 부모의 영향이 절대적인 만큼 아버지가 민주적이지 못하거나 성격적인 결함을 가지고 있으면 그 집안의 분위기는 엉망이 되어버린다. 그런 관점에서 예비남편, 예비아버지 교육이 절실히 요구되고, 아버지가 되어서는 안 될 사람은 그 역할을 제한하는 제도도 생각해볼 수 있다. 또 결손가정 중에서 아버지만 있는 가정의 청소년들이 문제가 더 많다. 어머니는 혼자서 자식을 기를 수 있어도 아버지는 그만큼 어려움이 많기 때문일 것이다. 이제는 사회가 이러한 면에도 눈을 돌려야 할 시점에 이르렀다고 본다.

자아를 찾아 방황하는 청소년

'이 세상 살아갈 가치가 뭐 있느냐?, 공부해서 출세해봐야 결국 죽게 될 텐데 무슨 소용이 있느냐? 세상 모든 사람이 맘에 안 든다'는 남학생이 어머니와 함께 내원했다.

흔히 청소년기에 올 수 있는 자아정체감의 혼란. 사회 속에서의 자신의 역할정립, 사회와 자신의 원만한 관계를 통해서 인간은 삶의 의미를 찾고 자신의 가치를 느끼게 되는 법인데, 이에 대한 혼란이 있으면 이 학생처럼 된다. 자아정체감의 확립이야말로 청소년기에 꼭 성취해야 할 발달상의 과제이다. 이런 문제를 청소년기에 확립하지 못하면 인생을 방황하면서 엉망으로 살아간다. 자아존중감이나 긍정적 자아상이 형성되지 않으면 안정감을 찾을 수 없다. 열심히 공부할 수도, 일할 수도 없다. 살 가치가 전면적으로 부정되는데 어찌 노력을 한단 말인가. 그래서 청소년기에는 존경하는 사람, 바람직한 삶의 모델이 있어야 한다.

  조숙하고 머리좋은 이 학생은 가정형편이 좋지 않아 방황하고 있는 것으로 판단되었다. 필자는 그 학생에게 '인생은 꼭 해답을 가지고 살아가는 것만은 아니다. 그 해답을 얻기 위해 끝까지 살아갈 수도 있지 않겠는가?'라고 되물었다.

장래문제로 인한 심적 고통

  3남3녀의 막내라며 형이 데리고 온 고3생. 대부분 청소년들은 부모들 특히 어머니가 데려온다. 그런데 미혼인 형이 데려왔다는 사실은 이유야 어디에 있든 부모의 역할이 감소되어 있다고 볼 수 있다.

  학생의 말에 의하면, '불안하고 머리가 맑지 않다'고. 형은 '항상 경직되어 있고, 부정적이고, 좀 이상한 것 같다'고 했다.

  심리검사를 실시했다. 결과는 신경증. 넓은 의미에서의 입시 스트레스라고 할 수 있겠다. 아프다는 핑계로 학교에서 조퇴하는 것을 즐기는 듯한 인상이었다. 더 자꾸 병원에 와서 빨리 낫고 싶다는 등의 표현을 하는 걸 보면. 성적도 좋지 않고 학교생활에도 흥미가 없었다. 공부하기 싫은데 밤 열시까지 학교에 잡아놓으니 병이 날 만도 하다. 상담을 계속하는 동안 '대학진학을 포기하고 기술을 배워 취직을 해야겠다'는 결심을 한 뒤 증상도 씻은 듯이 호전되고 아주 밝은 표정으로 일변했다. 청소년들이 이렇게 장래

문제로 심적인 고통을 받고 있다는 사실을 실감했다. 청소년기에 있는 환자들은 자신의 진로가 결정되고 갈등이 해결됨으로써 겉보기엔 정신병 환자처럼 보이던 환자가 급격한 호전을 보이는 경우도 있다.

위에 열거한 여러 사례에서 고등학생들이 공부에 대한 압박감과 자기 장래에 대한 걱정이 가장 많은 고통임을 알았다. 개인의 능력에 맞게, 적성에 맞게 세심한 지도가 필요하다. 입시위주의 교육에서 하루빨리 탈피하여 진정으로 개개인의 행복과 장래문제를 생각하면서 청소년들을 지도해야 되겠다. 영국에서는 일류 고등학교일수록 오후에는 운동이나 서클 활동을 주로 한다. 감수성이 예민할 때 좋은 음악도 감상하고, 좋은 문학작품도 읽어야 마음의 양식이 된다. 한참 성장할 때 활발하게 뛰놀고 운동도 해야 밝고 건강하게 자랄 수 있지 않겠는가. 자연과 호흡하고 자연을 사랑하는 생활이 너무도 아쉽다.

내신성적으로 등급을 매겨놓으니 옆친구를 앞질러야 한다는 경쟁의식 이외엔 민주시민이 꼭 갖추어야 할 덕목인 협동정신과 양보는 찾아볼 수가 없게 되었다. 무엇보다도 교육의 정상화가 빨리 이루어지기 위해서는 모든 채용시험부터 달라져야 한다. 일류대학 우선이나 성적위주의 평가를 지양하고, 그 개인의 심성이나 적응능력 등 보다 진취적인 평가가 요망된다.

최근 삼성그룹은 94년도 하반기 신입사원 채용부터 면접서류에서 출신학교란을 삭제하고, 입사지원서와 함께 제출했던 졸업증명서와 성적증명서, 자격증 제출도 없애기로 했다고 발표했다.

그 대신 헌혈이나 불우이웃돕기, 장애인지원 등 사회봉사활동과 특별과외활동을 원서에 적게 해 학교성적보다 봉사정신을 중시하기로 했다. 참으로 반가운 소식이다. 앞으로 이러한 신선한 바람이 사회 곳곳으로 퍼질 것으로 기대된다. 특히 사법고시, 행정고시 등 소위 고등고시라고 하는 시험이 이러한 덕목을 주로 평가하는 방향으로 조속히 전환되어야 한다. 판검사나 의사, 기자 등 높은 도덕률이 요구되는 직종에서 일하는 사람일수록 이러한 평가는 더욱 필요할 것으로 생각된다.

  이러한 발상의 전환을 통해서 자기 능력과 개성을 충분히 개발하고 발휘할 수 있을 것이고, 자율성과 창의성이 최대한 향상되리라 확신한다.

자아실현의 갈등이 시작되는 20대

　대체로 20대에는 직업과 배우자 선택을 통해서 자아실현이 일어난다. 10대 후반에 모색해왔던 인생관을 펼치는 첫 시험기라 하겠다.
　남성들은 군입대에 대한 갈등을 겪는다. 남자라면 당연히 군복무를 마쳐야 한다고 생각하면서도 사회와의 단절, 학업중단, 특히 동족끼리 총부리를 맞대고 있는 현 대치상황에 대한 갈등들이 일어난다.
　여성들은 이 시기에 취업을 한다. 대학을 졸업한 사람들은 취업의 어려움 때문에 고민한다. 차라리 고졸 학력자들은 취업이 잘 되지만 대졸자들은 취업이 안 되어 남녀 모두 고민을 한다. 특히, 남성들은 좋은 직장이 있어야 장가도 갈 수 있을 텐데 대학을 졸업하고 삼분의 일밖에 취업이 안 되니 취업재수생이 늘어나고,

그 스트레스 때문에 병원을 찾는 수가 늘어만 간다. 가정형편이 괜찮은 사람은 대학원에 진학하여 공부한답시고 잠시 취업 스트레스에서 벗어나지만 그것은 미봉책일 뿐, 대학원을 졸업해도 문제는 풀리지 않는다. 그 엄청난 투자를 해가지고 인력을 사장시키고 있다는 사실은 개인이나 국가가 엄청난 손실을 보고 있는 것이다. 하루빨리 인력수급계획이 마련되어 고급인력의 낭비를 막아야 한다.

20대 후반에 대부분 결혼을 한다. 어느 작가는 20대 결혼생활을 오직 신나는 시기라고 말했지만, 부부간의 성격차이로 이혼하는 수가 신혼 초에 가장 많은 것을 보면, 초보운전 시기처럼 위험하다. 쉽게 뜨거워졌다가 식어버리는 냄비처럼 변하기 쉬운 요즘 신세대들의 사랑. 개성도 강하고 진취적이어서 고통스러운 결혼생활을 쉽게 청산해버린다. 그래도 20대는 역시 신나는 시기이다. 온통 연보라빛 베일에 둘러싸여 환상에 젖는다.

인생의 고비마다 고개드는 강박신경증

'기도할 때 실수를 안 하려고 결심하지만 실수하게 되고, 실수하고 나면 내 기도는 안 들어주실 거야 의심하게 된다, 그러면 처음부터 다시 기도를 시작한다, 의심하면 죄라고 했으니 그 의심을 버리기 위해서.' 기도를 반복할 수밖에 없는 고통 속에 빠진 신학생.

중학교 이학년 때 같은 숫자가 특히 3자나 7자가 계속 머리에 떠올라 괴롭다고 치료받았던 강박신경증 환자이다. 그때 정신력으로 고치겠다고 교회를 다니기 시작했는데 그런 대로 괜찮다가 다시 발병했다. 이와같이 강박신경증은 무의식 속에 숨어 있다가 인생의 어려운 고비마다 슬그머니 고개를 들어 마음을 괴롭힌다. 이러한 환자를 만나면 의사도 힘들다. 계속 반복해서 한 말을 또 하고 반복하기 때문에 여간한 인내가 아니면 강박신경증 환자를 대하기가 어렵다. AIDS에 걸리지 않았나 하는 강박관념에 시달리는 중년 남성이 내원했는데, "AIDS에 걸리지 않았겠지요?"를 수십 번 반복해서 묻곤 했다. 이쯤되면 의사도 머리가 빙빙 돈다. 끝까지 인내를 가지고 환자의 말을 들어주며 믿음이 갈 수 있도록 태도를 취하는 것이 치료에 도움이 된다.

결혼에 대한 환상

'결혼을 괜히 했다, 우울하고 절망에 빠진다, 공부를 계속 해야겠다'고 찾아온 결혼 구 개월째 되는 신부.

신혼에는 깨가 쏟아진다는데 행복은 저만큼 가버리고 결혼생활에 회의를 느끼고 있다. 결혼은 그저 달콤한 것, 행복한 것으로 막연히 생각해왔던 여성들이 이러한 갈등을 잘 겪는다. 환자는 청소년기에 부모가 이혼하여 마음의 상처를 크게 받은 과거력이 있고, 성적은 상위권이었지만 대학에 실패하고 직장생활을 하다가 현남편을 만났다.

'못 이룬 학자의 꿈을 이루기 위해서 나는 공부를 해야 한다'고 소녀 같은 꿈을 가지고 있다. 좌절된 꿈이 결혼을 통해서 다시 떠올라 괴로워하고 있다. 이런 아내를 맞이한 남성은 불행하다. 결혼을 인생의 도피처로 혹은 한번 연습삼아 해본다는 태도를 가지고 있으니 문제이다. 자신의 갈등을 해결하지 않은 채 결혼을 하면 피해자는 결국 배우자이다. 그런 의미에서 실험기간을 거치는 계약결혼이나 실험결혼도 필요하지 않을까 생각된다.

신데렐라 콤플렉스

시골 축협에 삼 년째 근무하는 아가씨가 있었다. 어느 날 오후 좀 한가한 시간이었다. 전화벨이 울렸다.

"축협입니다" 하고 전화를 받았지만 저쪽에서 약간 머뭇거리는 듯하였다. 이윽고, 굵고 부드러운 남자의 바리톤 목소리가 들려왔다.

"안녕하세요. 저는 서울대학에 다니는 김철수라고 합니다. 지금 친구들과 같이 있는데, 아무 데나 전화를 걸어 아가씨가 받을 때 이름을 알아내는 내기를 하고 있습니다. 저 나쁜 사람 아닙니다. 실례지만 아가씨 이름이 어떻게 되십니까? 제가 지면 술을 사야 되거든요."

재수없이 별스런 전화가 다 걸려온다고 생각하고 수화기를 놓았다. 다시 전화벨이 요란하게 울렸다. 기분 나쁜 생각이 들어 의식적으로 전화를 안 받으려 했지만 주위를 둘러봐도 전화받을 사람은 자신뿐이었다. 다시 수화기를 들자 조금 전 그 목소리의 주인공이었다. 통사정을 하는 것이었다. 다른 뜻은 없고 순수한 마음으로 지금 내기하다 전화를 하는데 아가씨가 이름을 가르쳐주지 않으면 오늘 술값을 모두 자기가 낼 수밖에 없다는 둥. 목소리도 좋고 어쩌나 붙임성이 좋은지 이 남자는 멋진 남성일 거라는 느낌이 들었다.

계속 달라붙는 바람에 할 수 없이 "이순희입니다"라고 말했다. "아가씨 정말 고맙습니다. 감사합니다"라고 깍듯이 고맙다는 인사를 하면서 전화를 끊었다. 얼마 후 다시 전화가 걸려왔다. 수화기를 들면서 방금 통화했던 남자를 떠올렸다. 호기심이 생기면서 기분이 좀 야릇했다.

"이순희 씨 좀 부탁합니다."

이번엔 처음 듣는 남자의 목소리에서 자신의 이름이 불려지고 있었다. 정신이 번쩍 들어, "실례지만 누구신가요. 제가 이순희입니다."

"헤헤. 내가 졌군요. 잘 알겠습니다"라고 일방적으로 전화를 끊었다. 속으로 별난 사람들이 다 있군. 전화해서 내기하는 사람들이 어디 있담. 그렇지만 그 부드러운 남자의 목소리는 이상하게도 머릿속에서 맴돌았다. 내기에 이겨 신나게 껄껄 웃으면서 친구들과 술을 마시고 있는 장면이 떠오르기도 했다. 기분이 나쁘지는 않았다.

이튿날이었다.

전화가 걸려왔다.

"여보세요. 축협입니다."

"안녕하십니까? 어제 전화했던 서울대생입니다. 덕택에 어제 즐겁게 잘 놀았습니다. 어제는 정말 감사했습니다. 하도 친절해서 목소리라도 한번 들어보려고 전화했습니다. 실례가 됐다면 용서하십시오."

자신도 모르게 반가운 느낌이 들어 "아니요. 괜찮습니다"라고 웃으면서 대답했다. 그렇게 해서 그날도 전화는 끊겼다. 왠지 기분이 좋았다. 말로만 듣던 멋진 서울대생한테서 두 번씩이나 전

나도 정신과에 가봐야 하지 않을까

화를 받다니. 내가 재수가 좋은 거야. 혼자서 중얼거렸다.
 전화는 매일 한두 번씩 오갔다.
 어느새 전화가 좀 늦은 날이면 은근히 기다려졌다. 그러면 저쪽에서 속마음을 다 헤아린 듯 "전화 늦어서 죄송합니다"라고 말하는 게 아닌가. 과연 서울대생이구나. 저런 남자를 만난 여자는 얼마나 행복할까. 꿈은 나래를 펴기 시작했다.
 전화로 정이 들고 갑자기 가까워졌다. 펜팔 주인공을 만나듯, 오랫동안 그리워하던 연인을 만나듯 둘이는 아무 거리낌없이 데이트를 시작하였다. 매너도 좋고 잘생기고 머리 좋고 학벌 좋고 어느 것 하나 빠지는 것이 없었다.
 마치 복이 통째로 굴러들어온 느낌이었다. 모든 것을 갑자기 이룬 듯하였다.
 그런 지 채 한 달도 안 되어 둘이는 결혼하자고 약속을 했다.
 그는 "우리는 정말 어울리는 한 쌍이 될 거야, 정말 행복할 거야" 하며 손을 꼬옥 잡아주었다. 눈을 지그시 감았다. 한아름 터질 듯한 행복감이 밀려왔다. 그야말로 짧은 기간에 홀딱 반해버렸다
 그러던 어느 날이었다. 갑자기 전세방을 옮겨야 되겠는데 좀 늘려가려고 하니까 돈이 삼천만 원 정도 필요하다고 좀 빌려달라는 것이다. 깜짝 놀라 삼천만 원이 당장 어디에 있느냐고 하니까, 축협에서 슬쩍 인출해서 주면 돈 마련되는 대로 다시 넣어두면 될 거 아니냐는 것이다.
 이리하여 맘씨 좋은 아가씨는 드디어 공금 삼천만 원을 무단 인출해주고 말았다. 사랑에 눈이 멀면 이렇게도 되는 것.

며칠이 지나도 전화는 오지 않았다. 뒤늦게 사기꾼인 줄 알았을 땐, 이미 공금횡령으로 입건되어 고통을 받고 있는 자신을 발견했다. 짧은 여름밤의 꿈이었다. 정말 꿈 같은, 거짓말 같은 참말이다.

만난 지 얼마 되지도 않은 신원불명의 남성에게 공금을 무단인출해 주다니. 소위 신데렐라 콤플렉스에 걸렸다고나 할까? 남성들이 일확천금을 꿈꾸며 도박하고 투기하는 심리나 멋진 왕자를 만나 하루아침에 신분이 상승되는 화려한 꿈을 꾸는 여성들이나 너무도 유사한 점이 있다.

그러나, 그후에 신데렐라는 결코 행복하지 못했을 것이다. 결혼은 끼리끼리 만나야 한다. 연애는 멋진 사람일수록 좋지만 결혼은 현실이다. 제 눈에 안경 같은 사람. 제 발에 신발 같은 사람이면 그만이다. 돗수 높은 안경, 자기 발보다 큰 신발이 어찌 편하겠는가.

사이비종교에 빠진 사람들

'하나님을 배신하여 포위망을 쳐놨다, 게으름으로 하나님 앞에서 나를 부인하지 못한다, 입술에 열매도 맺지 못하는 죄인이다'는 죄책감에 사로잡힌 휴거를 신봉했던 아가씨가 불안과 불면으로 내원했다. 휴거가 일어난다고 마지막 인사하고 기도에 들어갔다가 아무 일도 없자 자신들이 회개하지 못하였다고 자책하고 있는 것이다. 아직 때가 안 되어서 그렇지 반드시 휴거는 일어난다고 믿는 사람들. 21세기가 눈앞에 보이는 이 첨단과학시대에 살면서도 사고는 원시인들의 주술적 신앙의 테두리를 벗어나지 못했다. 맹신자나 광신자들은 정신병리를 가지고 있는 경우가 많다. '하나님의 이름으로'를 외치며 살인도 서슴지 않는 것이 빗나간 사교의 모습이다.

이 환자도 평소에는 말수가 적고 착하고 성실하였다. 사이비종교에 빠지면서부터 현실세계에서 점점 멀어지기 시작했다고 한다. 어떤 환자들은 기도원에 들어가 열심히 기도하다가 정신병이 발병한 경우도 있다. 신앙이란 고통을 주는 게 아니다. 인간을 평화롭게 하여야 한다. 어떠한 경우라도 신의 이름으로 전쟁을 하고 살생해서는 안 된다.

분리불안

'남편이 출근하는 것을 보면 숨이 막히고 불안하여 곧 쓰러질 것 같다'는 증상으로 내원하였다.

이 년 전 우연히 친구따라 정신과 병원에 문병갔다가 거기 입원한 환자들을 보고 갑자기 불안발작이 일어났다. 상당 기간 정신과 치료를 받은 후에 호전되었던 병력이 있다.

현남편과는 연애하다가 결혼하려 했으나 시부모 될 사람들이 반대하자 불안증상이 다시 일어났던 것이다.

성장과정을 살펴보니 출생 직후부터 국민학교 입학 직전까지 부모와 떨어져 살았던 경험이 있는 것으로 보아 분리불안(Separation anxiety)이 재현된 것으로 해석된다. 남편의 출근길에 증상이 악화되는 것은 어린 시절 부모와 떨어지지 않으려는 심리적 상황과 매우 유사하다.

가끔 정신과 환자들을 치료하다 보면 어린 시절 부모와 떨어져 살았던 고통스런 경험이 성장 후에 정신병리를 일으키는 경우를 드물지 않게 관찰할 수 있다. 그래서 어머니가 직업을 가질 때 아이의 정신건강은 어떨까 하고 생각해보지만 아직까지 우리나라에서는 이러한 연구논문은 발표되지 않은 것으로 기억된다.

남편의 따뜻한 사랑이 이 환자의 치료에 많은 도움이 되었다.

적응장애

'머리가 헷갈린다, 내가 무슨 말을 했지?'라고 호소하는 20대 후반의 남자. 말과 표정이 일치하지 않는다. 어떻게 보면 꼭 꾀병을 앓는 것 같다.

사연인즉, 일 년 전부터 동거를 시작했는데, 또 다른 여자관계가 들통나자 불화가 일어났다. 동거녀에게 폭력을 휘둘러 갈비뼈가 부러지는 등 큰 부상을 입혔다. 여자측에서 고소하겠다고 나서자 불안해서 일어난 히스테리 증상이었다. 꾀병과 히스테리 증상은 그 심리적 동기가 비슷하다. 증상을 일으킨 동기가 자기에게 불리하고 어려운 상황을 벗어나고자 하는 목적이 일치하기 때문이다. 입대한 장정이 군생활에 대한 두려움으로 발병한 히스테리 발작이나 군대를 빠지려고 꾀병을 앓는 경우는 매우 비슷한 것과 마찬가지이다. 이러한 점에서는 상해사건이나 교통사고 환자, 산업재해 환자 모두가 유사점을 가지고 있다. 이차적인 자신의 이득을 위해서 증상이 과장될 수 있기 때문이다. 그러나 꾀병이나 진짜병이나 모두 성격적인 문제가 밑바닥에 깔려 있고, 양자 모두에서 적응장애를 시사하고 있다는 사실에 주목해야 할 필요가 있다.

이러한 맥락에서 앞으로 두 사람의 결혼생활은 그리 순탄치 않을 것이라는 조언을 여자측에 해주었다.

취업 스트레스

삼 년 전부터 '옆사람이 신경이 쓰인다, 특히 손이나 발에 신경이 쓰여 집중이 잘 안 된다'는 증상을 호소하는 20대 후반 남자. 꼭 고3병과 유사하다.

환자는 대학을 졸업한 취업재수생으로 어머니와 함께 살고 있는 미혼 남성이다.

형수와의 고부간 갈등으로 차남이지만 어머니를 모시고 있으며, 하루빨리 취직하여 생활의 안정을 찾고 싶지만 맘대로 되지 않는다. 이러한 상황이 정신집중을 어렵게 하고, 한편 빨리 취직시험에 합격하지 못하는 자신의 입장을 변호해주고 있다.

요즘엔 이런 취업 스트레스로 병원을 찾는 환자가 점점 늘어가고 있다. 옛날에는 논 팔아 공부시키면 곧바로 취직하여 땅을 되살 수 있었지만, 지금은 꿈 같은 이야기이다. 이제 서서히 부모들도 깨닫기 시작했다. 자식에게 투자해도 본전 뽑기 힘들다는 사실을. 그래서, 사년제대학 졸업자가 취업이 쉬운 안경학과 등 전문대에 편입하여 열심히 공부하는 기현상이 벌어지고 있으니 안타까운 일이 아닐 수 없다.

알코올 중독

결혼한 지 삼 년 되는 남성으로 '하루에 담배를 서너 갑 피운다, 당장 술담배를 끊고 싶다'며 찾아왔다.

부인은 '퇴근 후에는 집으로 오지 않고 막바로 술집으로 달려가 돈이 떨어질 때까지 공금까지도 모두 다 써버린다, 점점 폐인이 되어가는 것 같다'고 호소한다.

이쯤되면 정상적인 생활이 아니다. 술과 담배를 통해서 자기 자신을 해치고 주위 사람을 괴롭히는 생활이 계속된다면 환자라고 할 수 있기 때문이다.

환자는 우울증에 빠져 있었다. 아내가 바가지를 긁으면 긁을수록 가정은 지옥같이 느껴져 맨정신으로는 귀가할 수가 없단다.

술 끊는 약을 함부로 복용해서는 안 된다. 심장, 간장, 신장에 이상이 없을 때에만 당사자와 상의하여 사용할 일이다.

알코올 중독에 빠지면 마약 중독과 마찬가지로 취급해야 한다. 환자가 술을 끊을 의지가 없거나 부족하면 무조건 장기간 입원해서 술을 강제로 단절시키고, 이차적으로 정신적인 치료를 동시에 해야 한다. 알코올 중독에 빠지는 사람들도 그 출발점은 성격장애에 있다. 바로 그 성격장애 때문에 만성 경과를 밟고 있는 것이다.

결혼 전 폭력

사귄 지 육 개월 남짓 되는 미혼 남녀가 내원하였다.

여자 왈 '남자가 구타를 한다, 결혼해서도 때리면 난 못 산다'고. 남자 말하기를 '나는 그녀를 사랑한다, 꼭 결혼하고 싶다, 나는 정신적으로 정상이다, 단지 흥분하면 못 참지만 사회생활에 아무 문제가 없다'는 것이다.

참 세상 많이 달라졌다. 결혼하기 전에 정신과 의사에게 장래

결혼생활에 대한 상담을 하러 오니 말이다. 여자측에서 남자가 앞으로 결혼해서도 구타를 할 것인지 정신을 감정해달라는 것이다.

필자는 단호하게 말했다. "결혼하고 안 하고는 당사자들이 정할 문제다. 그러나, 어떠한 형태의 폭력도 진정한 사랑의 형태는 아니다. 그것은 왜곡된 사랑이다"라고.

20대는 정신과 진료실 찾는 경우가 비교적 드문 편이다. 남성들은 대체로 취업 스트레스로, 여성들은 결혼적응에 대한 문제로 내원하는 경우가 많다. 이제 막 세상을 살아가면서 서서히 갈등이 일기 시작하는 시기이다.

불만이 봇물처럼 터지는 30대 여성들

　30대에 여성들은 억눌려왔던 결혼생활에 대한 불만이 터지기 시작하고, 남성들 또한 삶에 회의를 느끼기 시작한다.
　30대는 일생 중에서 맘껏 자신의 소신을 펼 수 있는 시기이다. 20대까지는 인생을 탐색하고 경험을 쌓는 시기이지만, 이제 30대는 모든 준비가 완료된 셈이다.
　그러나, 현실의 벽에 부딪쳐 좌절을 맛보게 되는 시기가 30대가 아닐까?
　현재 우리나라에서는 남성들은 대부분 직업을 통해서 자아실현을 하고 있지만, 여성들은 가정이 전부이기 때문에 남편에게 실망하면 큰 갈등을 겪게 된다. 애들 키우는 문제, 살림 늘리는 문제, 취미생활 등 일생에서 가장 바쁜 시기 또한 30대이다.

상대방을 잘 모르고 한 결혼

결혼 칠 개월 된 이 여자 환자는 '뭐가 뭔지 도무지 모르겠다, 가슴이 터지려 한다, 신랑이 무섭다'고 몹시 당황하고 있다.

어머니 말에 의하면, '지금까지 좋은 혼처가 많이 나왔지만 모두 마음에 들지 않는다며 서른을 넘기더니, 이 남자 선보고 나서 쏙 빠져 주위에서 아무리 말려도 우겨서 결혼하더니만, 이제는 속았다고 저리 울고불고 야단이다'고 안타까워한다.

참 귀신이 곡할 노릇이다. 서른이 넘어 고르고 고르다 이제 진짜라고 선택한 남자가 사기꾼이라니. 그래서 인생은 알다가도 모를 일이다. 나이나 적으면 철이나 없다고 하겠다. 사랑에는 눈이 먼다더니 이성을 볼 때는 꼭 헛것을 보는 바람에 얼마나 많은 사람들이 한숨을 쉬는지 모른다.

외항선을 탄다고 하여 멋쟁이 마도로스이고 부자인 줄 알았는데 빈털터리인데다 기독교 신자를 고른다는 것이 무신론자를 골랐으니 원통하고 분한 노릇이란다. 그런 남자를 고른 자신이 얼마나 밉고 후회스러울까?

남녀간에 반한다는 것은 심리학적으로는 그 사람의 허상을 보고 혼자서 기뻐 날뛰는 격이다. 그 사람의 진짜 모습이 아니라 지난 날 좋은 인상을 자기에게 심어주었던 사람을 떠올리면서 좋다는 선입관을 가지고 바라보는 것이다. 그 반대로 처음 봤는데도 괜히 준 것 없이 미운 사람이 있다. 옛날 선도 안 보고 결혼했던 시절에는 첫날밤에야 서로가 얼굴을 처음 대하게 되었는데, 그 순간 싫은 생각이 들면 일생 동안 그 감정이 풀리지 않는다는 것이다. 이런 현상을 전라도 지방에서는 '공방(空房)든다' 하였는데, 한 번 공방이 들면 두 번 다시 얼굴을 보고 싶지 않아 심할 땐 헤어지는 사람도 있었다. 그런데 재미있는 것은 이 공방이 들어도 애가 생기려면 순간적으로 이뻐보인다는 것이다. 다 조물주가 씨는 말리지 말라고 짜놓은 각본일 것이다.

각설하고, 죽자 살자 사랑하고 흠뻑 반했다는 사람도 막상 결혼해서 살아보니 자기가 느꼈던 그 사람 모습이 아니더라는 말을 흔히 듣는다. 특히 연애결혼한 사람들한테서. 얼마나 허망할까?

이 환자의 남편 입장에서 보면, 언제는 좋아 죽겠다고 결혼해 놓고 이제야 싫다고 하니 황당한 일이다. 결혼이 애들 소꿉놀이도 아니고, 결혼식 올린 지 얼마되지 않아 헤어졌다 하더라도 이혼녀라는 딱지가 붙어버렸으니 답답할 노릇이 아닌가. 결국 이 부부는 파경에 이르렀고 인생에 큰 주름살이 잡히고 말았다.

남편의 가출

'남편이 가출해버려 잠을 이룰 수가 없다'고 달려온 30대 중반의 주부. 남편이 가출하다니. 몇 년 전 일본에서 유행했다던, 오직 일밖에 모르고 직장에만 매달리는 일벌레들이 가정에 돌아와 봐야 자신의 설자리가 없다는 불안이나 공허감 때문에 귀가하지 않고 방황한다는 말을 들은 적이 있는데, 그 병이 우리나라에 수입되었다는 말인가.

사연인즉, 십일 년 전에 연애결혼하였는데, 잘 살다가도 집안에 좋지 않은 일이 생기면 가출하는 버릇이 있었다고 한다. 이번에도 부부싸움 직후 집을 나간 지 벌써 이 개월이 넘었다는 것이다. 삐삐를 치면 응답은 해오는데, 어쩌다 통화가 되면 귀가하겠다고 말은 하면서도 들어오지 않는다는 것이다. 그러니 남편을 좀 불러서 부인이 병이 나 죽게 되었다고 설득을 좀 해달라는 것이다.

아닌게 아니라 남편을 불렀더니 병원에 찾아왔다. 부인의 병상을 말하고 남편이 집에 돌아와야 될 것 같다고 도움을 청하자 흔쾌히 대답하면서 '사업차 나가 있었다'고 한다. 잘 되었구나 생각하고 며칠이 지나서 알아보니 그 때까지도 귀가하지 않았다. 아아 의사하고 짜고 불러들이는 것으로 오해한 모양이다.

옛날에는 상상도 할 수 없는 일이다. 부부싸움하고 나면 아내가 친정으로 쫓겨나가던 시대하고는 너무도 달라졌다. 이와같이 최근 들어 남편가출이 드물지 않게 눈에 띈다.

30대 중반의 임신중절

'선생님 나 좀 도와주십시오, 삼 개월간 잠을 거의 못 잤습니다'고 애걸하는 30대 중반의 아주머니.

환자는 원치 않은 임신임을 알고 임신중절을 하고 나서 갑자기 증상이 일어났다. 기독교 신자인 환자는 임신중절에 대한 죄책감이 발병의 원인이었다.

의존적인 성격의 소유자인 환자는 발병 초기에는 남편의 정서적 지원을 받아오다가 며칠 전 남편이 갑자기 복막염으로 수술을 받게 되자 증상이 더욱 악화되었다.

언제나 점심시간 직전에 내원하여 식사시간도 아랑곳하지 않고 끝없이 계속 말을 해서 곤욕을 치른 경험이 있다. 어떤 환자들은 퇴근시간이나 점심시간에 찾아와서 면담한답시고 자기 말만 늘어놓는 경우가 있다. 의사 입장은 전혀 고려하지 않고 자기 주장만 하고 있으니 병이 날 수밖에 없다. 세상이 마치 자기를 중심으로 있는 것같이 살려고 하니 스트레스가 많이 쌓일 수밖에.

그런데, 이런 환자를 귀찮게 여기지 않고 따뜻하게 대해주면 치료경과가 좋다. 부모를 귀찮게 하고 말썽부리면서 사랑을 확인하려는 아이들의 심리가 엿보인다. 죄책감을 완화해주고 하나님이 용서해주실 것이라는 강한 설득이 필요했다. 마치 낯선 곳에 엄마와 함께 갔던 아이가 엄마와 떨어지지 않기 위해서 치마폭을 붙잡고 벌벌 떨고 있는 듯 의사에게 매달리고 있다. 안심시켜주고 벌주지 않을 것이란 확신을 심어주는 것이 필요하다.

폭력은 성격장애
폭력 남편 때문에 내원한 환자.

일 년 전 환자의 코뼈를 부러뜨리는 상처를 입히고 나서 앞으로는 절대로 구타하지 않겠다고 각서 쓰고 공증까지 했는데, 얼마동안 조심하더니 또 술마시고 들어와서 물어뜯고 목조르며 죽이려고 해서 도망쳐나왔다는 것이다.

친정부모는 '그대로 참고 살아라'고 하지만 요즘 세상에 이렇게 맞고 살아가는 여자가 어디 있느냐는 것이다. 그러나 막상 뛰쳐나왔지만 밥도 못 얻어먹고 학교에 가는 자식들이 불쌍해서 이러지도 저러지도 못하고 답답해서 병원을 찾아왔다고.

대부분 부부간의 갈등이 있고, 폭력에 시달리면 쉽게 헤어지지 못하는 가장 많은 이유가 자녀문제이다. 오늘날 이혼이 급증하고 있는 데는 자녀보다 자신의 인생이 소중하다는 의식의 변화가 크게 작용하고 있다.

아내구타는 대체로 신혼 초에 시작된다. 아내의 약점을 잡아서 구타하기 때문에 '당연히 맞을 일을 했다'며 그대로 받아들인 것이 화근이 된다. 즉 폭력을 정당화하는 것이다.

그러나, 폭력 남편은 매맞으며 자랐거나 매맞는 것을 많이 보고 자란 사람들로서 성격장애가 있다. 폭력은 긴장을 해소하는 방법이다. 폭력을 통해서 쌓였던 스트레스가 해소되면 난폭했던 성격은 씻은 듯이 사라져 아내에게 잘못했다고 빌거나 각서를 써주지만 일정기간이 지나면 또다시 반복된다.

그래서, 첫번째 폭력이 자행되었을 때 단호한 입장을 취해야 되고, 절대 매맞고는 못 살겠다는 태도를 보여야 한다. 반복된 폭력에 시달려온 아내들이 주눅이 들어 있어 감히 반항할 엄두를 내지 못하고 있다. 도망쳐나오면 죽일 것 같은 공포에 질려 있기 때문에 뛰쳐나온다는 것은 웬만한 용기가 없으면 상상조차 못 한다. 여자들의 계몽과 사회적인 대책이 필요하다.

의부증

'우울증이 있다, 남편을 의심한다'고 혼자서 찾아왔다.

대부분 의부증 환자들은 남편을 마지못해 따라오든지, '어디 누가 문제가 있는지 알아보자'는 식으로 당당하게 진찰실에 들어오는데, 이 환자는 눈물을 글썽이면서 자신이 정말 환자인가를 알아봐달라는 것이다.

이 부인은 29세에 대학을 졸업하고 동갑내기인 현남편과 연애결혼하였다. 고시공부 중에 있던 남편이 무척 장래가 유망하게 보였으나 시험에 여러 번 실패하고 보험회사에 취직하자 크게 실망하였다. 또한 여성들을 주로 상대하는 남편의 직업이 왠지 마음에 걸렸다고 한다. 더군다나 환자는 서울이 고향인데 남편따라 낯선 곳에 와서 난생 처음 살아보니 주위엔 아는 사람이라곤 아무도 없어 너무나 외롭다고 눈물을 짓는다.

우울증일 것이라는 인상을 가지고 심리검사를 시행하였으나 결과는 의외였다. 즉 편집증을 시사하는 소견이 나왔던 특이한 사례였다. 좀 의심이 많은 성격에다 주로 혼자 생활하다 보니 남편을 의심하는 증상이 있는 건 사실인 것 같다. 혼자만 있지 말고 신앙생활이나 취미생활을 해보도록 권유하였다.

직장 스트레스

'친구가 상사로 왔는데 구박을 한다, 자존심이 상하고 배신감을 느낀다'고 찾아온 직장생활을 십오 년 한 36세의 미혼녀.

자존심이 강한 그녀는 친한 친구가 같은 부서에 상사로 온 후부터 고통이 시작되었다. 친구가 공개석상에서 말도 함부로 하고 상처를 주고도 아무렇지도 않은 모습이란다. 사석에서 항의를 했더니 사과는 해왔지만 왠지 진실로 받아들여지지 않는다는 것이다.

충분히 그럴 만한 상황이다. 혼자 살겠다는 여성은 대체로 자의식이 강한 편인데, 하필 친구하고 상하관계가 되었으니 충분히 이해할 수 있다.

직장 스트레스에서 가장 문제가 되는 것은 인간관계에서 발생되는 스트레스이다. 직장내 사람들과 갈등이 일어나면 다소 손해

보는 일이 있더라도 하루빨리 화해를 해야지, 매일 보는 사람과의 관계가 원만치 않으면 건강만 나빠질 뿐이다.

이러한 경우는 인력을 관리하는 부서에서 충분히 고려하여야 할 일이다. 사람을 적재적소에 쓰고 최대한 능력을 발휘할 수 있도록 배려하는 것이 경영인데, 최고 책임자는 특히 이러한 인력 낭비에 신경을 써야 한다. 이 환자는 친구의 화해를 받아들이고 부서를 바꿀 수 있도록 도와주었다.

혼자만의 비밀

'마음이 괴로워 잠을 이룰 수가 없다, 누구에게 털어놓고 얘기할 수가 없다'고 찾아온 30대 초반의 여자.

오 년 전 결혼하여 행복하게 살고 있다. 사연인즉, 19세에 불장난으로 미혼모가 되었는데, 그때 죽은 줄 알았던 딸이 현재 살아 있다는 사실을 우연히 알았다. 지금 어려운 곳에 입양되어 중학교에 다니고 있는데 만날까 말까 혼자 고민하다가 찾아왔다고 한다. 지난날에 대한 후회와 죄책감에 시달리고 있었다. 철없는 나이에 엄마가 되어 어미의 도리를 다하지 못한 죄를 받을 것만 같다는 것이다.

"애를 지금 만나보는 것이 어떻겠습니까?"라고 그녀가 물었다. 안타까운 일이다. 그러나 현재 행복하게 살아가고 있는 가정에도 파문이 일 가능성이 있고, 아직 딸이 사춘기라 이러한 충격을 감당하기 힘들 것이니 먼 훗날 만나는 것이 좋겠다는 조언을 했다.

사람은 고통스런 비밀을 혼자 감당하기가 어려울 때가 있다.

아무에게도 털어놓을 수 없는 혼자만의 비밀을 안고 평생을 끙끙대며 살아가기는 힘들 것이다. 그러나, 가능한 한 남에게 피해를 줄 수 있는 비밀은 가슴이 아프더라도 묻어두는 편이 나을 것이다.

피치 못할 사정으로 첫사랑을 이루지 못했지만 가슴속에 따스한 마음을 간직하고 있는 모성애가 강한 어머니라는 인상을 받았다.

남편과 남자친구

'가슴이 답답하고 소화가 안 된다'며 찾아온 여자 환자.

셋째며느리인데도 시부모를 모시는 효부. 성질 급하고 무뚝뚝한 남편과는 애정이 없다. 때로는 이혼하고 싶다. 최근 남자친구가 생겼는데 둘이서 얘기를 하다 보면 스트레스가 풀린다. 답답한 마음을 달래줄 남자친구와 계속 만나고 싶은데, 남편과 친구를 양립시킬 수는 없겠느냐는 것이다.

요즘엔 중년 여성들이 남자친구 한 명씩은 보통 사귀고 있다고 한다.

남편의 애정이 부족할 때 옛애인을 그리워한달지 남자친구를 원하는 것은 당연한 일인지 모른다.

애정과 우정의 차이는 잠자리를 하느냐 안 하느냐 하는 차이일 뿐이라고 말해주었다.

정서적 불안으로 일어난 간질

'일이 분간 입이 틀어지고 자신도 모르게 이상한 행동을 하지만 기억이 없다'고 찾아온 이혼녀.

오랫동안 미용실을 경영하여 돈을 많이 벌었지만, 남편은 직장도 없이 돈만 가져다 몽땅 써버리니 부부싸움이 잦을 수밖에 없었다고 한다. 하루는 돈을 주지 않자 삼 일 동안 감금하고 구타를 하여 할 수 없이 어린 자식들을 떼어놓고 이혼했는데, 자식들을 생각하면 미칠 것 같다는 것이다.

발병상황을 들어보면, 히스테리 발작 같지만 뇌파검사상에는 간질로 확인되어 항경련제를 투여한 뒤에 증상이 호전되었다.

이와같이 어떤 환자는 심인성 질환 것 같으면서도 기질성으로 판명되는 경우가 있다. 충격에 의해 간질이 새로 발병한 것이 아니고 평소에 간질의 소인을 가지고 있다가 정서적 불안이 일어나니까 그때야 증상이 나타난 경우이다.

학력 콤플렉스

'남편이 글을 쓰는데 꼭 연애소설만 쓴다, 남편이 연애경험을 글로 쓰지 않을까? 나는 어떻게 사는 것이 좋은가?' 하고 묻는 중년 여성.

중학교를 졸업한 이 여성은 남편의 대졸 학력에 비하면 어울리지 않지만, 말하는 것을 들어보면 꽤나 유식한 편이다.

문예창작반이나 교양강좌 등을 계속 수강하고 독서를 많이 하여 상당한 교양을 쌓은 듯하였다. 남편에게 무식하다는 말을 듣지 않기 위해 끊임없이 노력하는 그녀의 모습은 아름다웠다.

그러나 학력의 한계를 벗어나지 못하고 아직도 열등감에 싸여 있었다. 멋진 여성과 연애하는 소설의 주인공이 마치 남편이 체험하고 쓴 것으로 자꾸 생각이 미친다.
언젠가는 문학가가 되고 싶다는 그녀의 말에, 국졸 학력에 소설 동의보감을 썼던 이은성 씨를 상기시켜주었다.

굿도 하고 교회도 다니는 신자

독실한 기독교 신자인데 기도 중 '내가 세상 일에 너무 빠져들었고 하나님을 멀리 했다'는 말이 자신도 모르게 나오면서 가슴이 터지려고 해서 미칠 지경이란다. 하나님이 벌을 주고 있다고 받아들이고 있다.

마귀 쫓는 안수를 받고 곧바로 좋아졌으나, 또다시 '성령을 줄 테니 집을 깨끗이 하라'는 등 자신의 행동을 지시하여 믿는 사람으로서 해서는 안 될 굿을 했다가 신이 집히고 말았다는 것이다.

미신이나 종교를 같은 선상에 놓고 살아가는 중년 여성들이 많다. 대체로 피암시성이 강한 여성들이다. 심지어는 굿도 하고 교회에서 기도도 하는 등 장기에서처럼 양수겸장으로 살아가는 사람들도 있다.

그들 눈에는 산신령이나 하나님 둘 다 보이지 않기는 마찬가지인 셈이다. 절에 칠성당이 있는 것은 이러한 욕구를 충족시켜 주기 위한 방편이었을 것이다. 오늘날에도 교회 목회자들이 토속신앙을 가진 사람들을 끌어모으기 위해 기복신앙화의 길을 걷고 있다. 미신타파가 올바른 인생관과 세계관을 갖게 하고 나아가서 건강한 삶을 살아가게 한다.

이미 시대는 21세기로 치닫고 있는데 사람들의 생각은 중세에 머물러 있으니, 여기에 생기는 괴리가 한국 사회를 더욱 어지럽히고 있다. 우리 것이라고 해서 다 좋은 것이 아니고 전통이라고 해서 모두 다 소중한 것도 아니다. 버릴 것은 과감히 버리고 취할 것은 취하는 의식의 현대화가 필요한 때이다.

에이즈 공포증

'에이즈(AIDS)에 걸리지 않았을까?' 하고 소위 에이즈 공포증에 걸린 여자 환자가 있었다.

어느 날 오빠하고 술을 굉장히 마시고 깜박 잠이 들었는데 팬티가 이상한 것 같더라는 것이다. 분명 아무 일도 없었는데 무슨 일이 있었으면 어떡할까 하는 느낌이 드는 순간 에이즈에 대한 두려움이 동시에 일어났다.

잠복된 근친상간에 대한 갈등이 발병의 동기이다. 자신이 의식하고 있지 않던 근친상간에 대한 죄책감이 벌로 에이즈라는 불치병에 걸렸을지도 모른다는 극심한 두려움을 몰고와 의식하고 싶지 않은 근친상간에 대한 괴로운 생각을 잊게 하고 있다.

아이러니컬하게도 이 환자는 에이즈 공포증을 앓고 있던 중에 외도를 한 다음에 증상이 달라졌다. 즉 에이즈 공포증은 사라지고 남편에 대한 죄책감에 시달리게 되었다. 어린 시절 성적 갈등이 해결되지 않고 무의식 속에 잠재되어 있다가 자신도 모르게 엉뚱한 생각과 행동을 하게 되는 것이다.

열등감이 강한 의처증 환자

'소화가 안 된다'고 찾아온 이 여자 환자는 남편의 의처증에 시달리다 못해 일 개월간 가출한 적이 있다.

집에 돌아와서 가출 중에 삼 일 동안 에어로빅을 하니까 소화가 잘 되더라고 남편에게 말하자, 옛날에도 춤춘 적이 있냐면서 더욱 환자를 못살게 군다. 이 남편은 에어로빅 춤이나 카바레 춤이나 똑같이 생각하고 있었다.

알다가도 모를 일이다. 남편의 의처증으로 가출한 사람이 춤을 추었다고 하면 잘 했다고 할까? 도대체 의심받을 일을 왜 하는지. 거기에 말은 왜 하고. 그러고 보면 의처증 남편을 둔 여성들은 무의식중에 남편의 질투심을 자극하고 있는지도 모른다. 남편이 박박 긁어주어야 살맛이 나는지도 모르겠다.

의처증 남편들은 아내가 자기만을 생각하고 사랑해주기를 원한다. 사람에 대한 독점욕이 병적으로 강하다. 아내를 괴롭힘으로써 아내의 변함없는 태도를 확인하려 한다. 그러므로, 오직 당신뿐이라는 태도를 확고히 할 때 상태는 누그러진다. 또 이들은 열등감이 있어서 자신을 인정해주지 않으면 증상이 악화되므로 자존심을 건드리지 않도록 주의해야 한다.

벼락부자의 고민

'술좌석에 가면 음담패설에 화가 치민다, 남들은 좋다고 웃는데 나만 혼자 기분이 상하니 괴롭다, 가치있게 사는 방법이 무엇이냐'며 찾아온 건설회사 사장.

국민학교를 겨우 졸업하고 인생의 밑바닥을 훑어나온 30대 중반의 남자. 20세에 동거를 시작해 십 년간 살다가 경제적인 이유로 헤어지고 30세에 현아내와 결혼했다. 그뒤 부동산업계에 뛰어들어 갑자기 벼락부자가 되었고, 육 개월 전에 건설회사를 차렸다.

'젊은 나이에 인생을 너무 많이 경험했다, 돈은 무진장 있는데 어떻게 써야 할 줄 모르겠다'고. 급격한 산업화의 결과로 태어난 졸부들의 고민 중 하나이다. 배고파 못 살겠다가 아니라 정말 배 터져 죽겠다는 식이다.

그래도 이 환자는 성실히 살아가겠다는 인생의 목표를 가지고 있기에 정신과 의사를 찾아 상담을 한다. 불로소득, 일확천금한 사람들이 주로 부동산 임대업이나 하면서 빈둥거리고 놀면서도 훨씬 잘 먹고 잘 쓰고 있다. 조세제도는 이들에게 중과하는 쪽으로 맞춰져야 한다. 열심히 일하고 성실한 사람은 세금을 경감시키는 쪽으로, 무위도식하면서 부를 누리는 사람은 무거운 세금을 내도록 해서 이 돈을 복지에 투자해야 한다.

결론적으로 이 환자에게는 우선 유능한 대화의 상대자를 찾아 아이디어를 제공받도록 하고, 그 다음은 문화재단 같은 단체를 설립해 재산을 건설적으로 사회에 환원하는 방법을 모색하고, 마지막으로 맘에 맞는 종교를 찾아 신앙생활을 하도록 조언했다. 제발 자아탐닉적인, 퇴폐적인 생활에 젖지 말고 좋은 일 하는 사업가가 되기를 기대하면서.

의존적인 남성들

'불안해서 잠잘 수도 없고, 아무것도 할 수 없다'고 호소하는 대학 강사. 비교적 편안한 직장에 있다가 갑자기 대학으로 옮기고 나니 강의하기도 힘이 들고 적응이 잘 안 된다. 신분상승을 위해서, 자기 능력에 벗어난 과욕을 부리다가 마음의 병을 얻고 말왔다.

부인이 동행했는데, 남편한테 꼭 아들 대하듯 한다. 어머니한테 인정받으려는 아들처럼, 어머니에게 매달리는 어린애처럼 나약해보인다.

아내가 남편을 심리적으로 조정하고 있는 것이다. 부부관계는 언제나 우월한 쪽으로 쏠리게 마련이지만 이 부부는 유별나게 심한 편이었다. 아내의 비위를 맞추려는 남편은 결국 자신의 능력을 벗어난 삶을 선택했다가 마음고생을 하고 있다. 현재의 직장을 포기하고 옛날 직장으로 되돌아가자 증상은 씻은 듯이 사라졌다. 흔히 의존적인 남성들이 이런 경우가 많다.

자살 충동

'불면과 두통, 악몽에 시달리다가 졸도했다, 죽고 싶은 충동이 생긴다'고.

어렸을 때부터 고생고생해서 땅을 사고 집을 새로 지었는데 불법건축으로 판정되어 준공검사가 떨어지지 않자 발병했다. 아내가 먼저 우겨서 한 일이라며 아내를 원망하고 이제 모든 꿈이 무너졌으니 죽을 수밖에 없다는 것이다. 사람의 마음이란 집 한 채 짓고 그것이 뜻대로 안 되었을 때 죽고 싶은 마음도 들 수 있다는 사실을 알아야 한다. 그러나, 어떠한 이유로도 자살은 미화될 수 없다. 자살미수에 그친 사람들의 증언을 들어보면 누군가 자살을 말려주었으면 하는 기대를 갖는다고 한다. 그 당시 죽고 싶은 충동만 사라지면 살고 싶은 욕망이 되살아날 수 있다. 죽음과 삶은 같은 연장선상에 있기 때문에.

이와같이 30대는 치열한 삶의 현장에서 터져나오는 탄식이 많다. 자기 인생의 틀을 잡기 위해 가장 많이 노력하는 것도 30대이고, 아직은 젊고 활기차기 때문에 잘 극복해내기도 한다. 30대를 잘 보내야 진정한 인생의 문이 열린다.

우울증에 시달리는 중년 여성들

　인생의 정점에 도달한 40~50대 중년들은 벌써 육체적으로는 쇠퇴기에 접어들어 늙어간다는 사실을 실감하게 된다. 남성들은 쉽게 피로해지고 스태미나가 떨어진다. 여성들 또한 폐경으로 인한 여러 가지 육체적 정신적 고통에 시달린다. 특히 우리나라 중년 여성들은 폐경에 대한 예비지식이 부족하여 정상적인 생리현상을 병적으로 받아들여 아주 민감하게 반응한다.
　이러한 데는 의사들의 책임도 있다. 얼굴로 열이 치솟는 안면 홍조 같은 증상으로 병원을 찾으면 폐경기에 오는 증상이라고 자세히 설명해주고 안심시켜야 하는데, 환자의 의구심을 해결해주지 못하기 때문에 심각하게 받아들여 이 병원 저 병원 전전하는 경우가 많다. 어떤 병원에서는 열병이라고 몇 개월씩 치료하고 있으니 한심하다.

중년 남성들은 직장이나 사회에서 중추적 위치에 있기 때문에 일에 매달리고 시간에 쫓기게 되지만, 여성들은 남아도는 시간을 주체할 수 없어 괴로워한다. 자녀들이 성장해버린 뒤에 갑자기 할 일이 없어져 새로운 역할을 찾지 못한 중년 여성들이 공허감을 메울 수 없어 새로운 고민을 한다. 이 시기에는 부부간의 새로운 관계정립이 필요하다. 제2의 신혼기를 맞는 마음자세로 자녀들이 빠져나간 자리를 메우는 노력을 해야 한다. 남편들은 아내의 입장을 이해해주고, 아내들 스스로는 새로운 역할을 찾도록 노력해야 된다. 젊은 시절 하고 싶었던 일을 찾든지, 건강생활이나 취미활동에 열을 쏟아도 좋고, 사회봉사활동에 참여해도 보람이 있다. 내 가족의 테두리를 벗어나는 방향으로 자아실현을 모색해야 한다. 건설적인 면으로 정신적 에너지가 발산되지 않으면 부부간의 갈등이 증폭될 수도 있고, 향락적인 생활에 빠져들 위험도 있다.

중년기는 분명 일생 중에서 가장 넉넉하고 힘이 있는 시기지만 달도 차면 기울듯이 얼마 있지 않으면 인생의 황혼기를 맞이한다는 사실에 허무해지기도 한다. 중년기는 결실의 계절이다. 봄·여름 동안 씨뿌려 가꿔놓은 곡식을 잘 거둬들여 가득 채워놓은 사람은 아무리 추운 겨울이 몰아닥쳐도 따뜻하게 느껴질 것이다. 중년기에 실패하면 인생 전부를 잃게 되고 다시 일어설 수 없다. 성공적인 인생을 보낸 사람들은 대체로 이 중년기를 잘 활용했던 사람들이다. 병원을 찾는 중년들은 삶의 위기를 극복하지 못하고 헤매는 사람들이 대부분이다. 바로 이것이 우울증 환자들이다.

보수적 남성들의 남아선호사상

딸만 낳아 열심히 기르다가 몇 년 전 남편이 다른 여자를 봐서 아들을 안고 들어온 뒤로 고혈압에 시달리는 43세의 여자.

내성적인 성격으로 확 내뿜지 못하고 속으로 울분을 삭이려다 화병이 들고 말았다. 분노를 억제하면 부신피질에서 혈압을 올리는 스트레스 호르몬이 분비되어 심장을 빨리 뛰게 하고 혈압이 오른다. 일시적이면 바로 정상으로 되돌아오지만 마흔여덟 시간 이상 장기간의 스트레스 상황은 이렇게 육체적인 병을 유발한다.

환자는 몇 년 동안 서울대학교 병원을 비롯해서 우리나라에서 좋다는 병원은 모두 찾아다녔다. 재산을 축내고 남편을 괴롭히는 것으로 분노를 발산하고 있다. 무의식적인 복수를 하고 있는 셈이다.

남아선호! 한국사회가 하루빨리 버려야 할 가족병리. 성폭행, 남녀차별, 아내구타, 고부갈등, 불행한 결혼생활 등의 원인이 바로 이 남아선호사상에서 출발한다. 유교적 전통이 아직도 사회의 버팀목이 되고 있는 나라 중에서도 중국이나 일본을 앞질러 한국이 단연 남아선호사상에서 일위를 차지하고 있다. 사회가 민주화되고 삼분의 이 이상 핵가족화가 이루어져 부부중심의 대등한 관계가 성립되어야 할 시대에 살고 있으면서도 보수적인 남성들 때문에 가정의 평화가 깨지고 아내들이 병들고 있다.

중년 여성의 심심풀이용 출산

'머리가 아프고 사는 재미가 없다'고 호소하는 이 중년 여성은 이 병원 저 병원 다니면서 검사란 검사는 모두 했지만 아무 이상이 없다.

　얼마가 지난 뒤에야 속엣말을 한다.

　'남편과 함께 이발소에서 일하는데 서로 성격이 맞지 않아 힘이 들고, 딸만 셋인데 아들 하나 낳아서 기르면 살맛이 날 것 같은데 남편이 전혀 들은 척도 않는다'는 것이다.

　요즘 중년에 애 낳는 여성들이 늘어간다는데 그 심리를 엿볼 수 있다. 인생의 목적도, 사는 재미도 없이 그저 남편이 하자는 대로 살아가니 얼마나 지루하겠는가? 그래서 심심풀이로 두꺼비 같은 아들 하나 낳아 정붙이고 살겠다는 것이다. 특히 여기저기 아픈 데가 많은 여성들은 애 하나 낳고 몸조리 잘 하면 건강이 좋아진다는 속설을 따라 그대로 하는 사람이 있다. 모두 중년의 위기를 겪고 있는 사람들이다. 모성애를 중심으로 자신의 역할이 형성되었던 여성들이 자녀들이 성장한 뒤에 새로운 역할을 찾지 못하고 다시 애 낳는 것으로 복귀하려 한다.

　병원을 찾는 것도 환자역할을 하고 있다. 어떤 환자들은 병원을 찾는 것이 유일한 낙이다. 춤바람난 것보다는 낫겠지만 생산적인 방향으로 에너지가 발산되지 못하고 있다. 이러한 환자들이 자신의 새로운 역할이 주어지면 다시 생기가 돌고 건강도 되찾게 된다.

　어느 여자 환자는 46세인데도 딸을 갖고 싶은 욕심에 임신했다가 도저히 자신이 없어 중절하고 난 뒤 '여기저기 뼈마디가 쑤시고 잠을 이룰 수 없다'고 찾아왔다. 아들만 둘인데 딸 키우는 친구들이 그렇게 부러울 수가 없고, 나이 먹어선 딸이 있어야 편하고 심심하지 않을 것 같아 욕심부리다가 죄를 받았다는 것이다.

그야말로 심심풀이용 출산이다.

산후조리용으로 출산하는 경우도 있다. 우리나라에서는 중년 여성들이 뼈마디가 쑤시면 산후조리를 제대로 못 해 일어난 산후풍이라고 스스로 진단을 내린다. 이때는 애를 하나 낳은 뒤 푹 쉬면서 보약도 먹고 조리를 잘 하면 씻은 듯이 통증이 없어진다는 속설을 믿고 느지막하게 애를 낳는다.

이렇게 태어난 아이는 어머니의 편애 때문에 버릇없는 아이, 나약한 아이가 되기 쉽다. 무엇이든지 응석을 받아주어 자기 중심적이고, 의존적인 인격의 소유자가 될 가능성이 많다.

남편과 친정아버지

'대학입시에 실패한 딸이 가출하고 말았다. 나는 아이들에게 최선을 다했는데 이렇게 되고 보니 이제 죽는 길밖에 없다'고 호소하는 엄마.

아들을 낳으려다 딸만 넷을 낳았다. 딸이라도 잘 키워야 되겠다는 마음으로 최선을 다했는데 이렇게 될 줄이야 전혀 예상치 못했다는 것이다. 친정아버지를 무척이나 좋아했던 이 환자는 남편이 친정아버지와 너무도 달라 실망이 컸고, 오직 자식들 키우는 데 낙을 붙이고 살아왔다. 남편에 대한 실망을 보상이라도 하듯 애들 교육에 매달렸다.

흔히 여성들의 남성관이란 게 자신의 아버지를 모델로 형성되게 마련이다. 아버지를 싫어하면 저런 남편은 안 만나야 결심한다. 아버지를 너무 사랑하고 밀착관계가 되면 다른 남성들에게 실망하기 쉽다. 아버지는 딸이 귀여우니까 무조건 응석을 받아주지만 부부는 책임과 의무를 다하는 성숙한 모습을 보여야 관계가 원만해진다. 그런데 아버지와 비교하고 다른 면을 가졌다고 비판적 태도를 가지면 서로가 불행해진다. 세상에 자기 아버지 같은 남자는 없다. 나이 많은 남편을 고르는 여성들도 아버지 같은 사랑을 원하는 심리적 동기 때문인데, 대체로 이런 여성들은 결혼생활이 순탄치 못하다. 물론 생각이 중요하지만 나이 차이가 너무 많은 것은 좋지 않다.

남편에게 만족을 얻지 못하는 아내들은 자녀에게 지나치게 집착한다. 이러다가 자녀들이 뜻대로 자라주지 않을 때 심한 우울증에 빠질 수 있다. 한가닥 희망이 사라졌으니 온통 삶의 의미를 상실한 것이다.

이 환자도 결국 남편에게 실망한 것을 자녀에게서 보상받으려다 큰 좌절을 맛보게 된 것이다.

딸도 불행하기는 마찬가지이다. 얼마나 힘들었으면 집을 나갔겠는가. 자녀는 부담없이 자유롭게 키워야 한다. 지나친 기대도, 집착도 모두 나쁜 결과를 가져온다. 언젠가는 내 곁을 떠나야 할 자식들. 항상 떠나보낼 준비를 하면서 독립적인 인격체로 키워야 한다.

병적인 질투
'남편이 정력이 좋아져 밤낮없이 바람만 피운다'고 흥분하여 부부가 함께 내원하였다.

기독교 신자인 이 환자는 하나님 이름으로 남편이 바람피운다는 사실이 거짓이 아님을 맹세한다고 말한다. 이쯤되면 의사도 답답하다. 남편은 아내가 미쳤다고 하고, 아내는 남편이 바람피우고도 그것을 숨기기 위해 자신을 정신병자로 몰아친다고 하니 갑갑한 노릇이다.

아내가 의부증 환자였다. 남편이 귀가하면 속옷을 검사하고 냄새를 맡고 몸에 혼자만 알 수 있는 표시가 지워졌다고 다그치는 심한 편집증 환자였다. 흥분한 아내는 진료실에서도 남편을 쥐어뜯는다. 상담하다 말고 싸움 말리느라 고역이다. 다행히 환자가 약을 먹으면 금방 좋아지지만 스스로 약을 먹겠다는 의부증 환자는 거의 없다. 이때는 남편의 태도가 중요하다. 귀찮게 생각하는 모습이 보이면 다른 여자 생각한다고 하니 따뜻하게 감싸주어야 한다. 남편을 독점하려는 의식이 강하고, 남편이 떠나버리면 어떡할까 하는 두려움이 있기 때문에 말이나 행동에서 다른 여자에 관심두는 일체의 언행을 삼가해야 한다. 아내의 신뢰를 쌓는 노력이 무엇보다도 중요하다.

남편이 때리면 증상이 급속히 악화된다. 분노가 가득 차 있기 때문에 폭발하면 물불을 가리지 않는다.

적당한 질투는 부부사랑의 맛을 내는 양념효과가 있지만 병적 질투는 부부관계를 파괴시킬 뿐이다.

자녀가 떠난 빈 자리

'선생님 죽고 싶습니다. 제발 살려주십시오'라고 매달리는 40대 후반의 여자 환자.

죽고 싶다면서 살려달라니 생사 두 마음이 서로 다투고 있다.

환자는 20대에 남편과 사별하고 오직 외동딸 하나를 키우는 재미로 살아왔다. 대학까지 졸업시키고 좋은 사위감을 골라 결혼시켰다. 혼수도 빠지지 않게 준비했고 모두를 시집 잘 보냈다고 부러워했다. 그러나 딸을 보내고 난 뒤 홀로 남은 자신을 발견했다. 덩그러니 집안에 혼자 남아 생각하니 허탈했다. 모든 것을 다 잃어버린 것 같은 상실감이 엄습했다. 서서히 입맛을 잃고 잠을 이루지 못해 뒤척였다. 앞으로 허구한 날을 이렇게 보낼 것을 생각하니 막막하였다. 서서히 우울증이 생기면서 초조해지기 시작했다. 이 어머니도 평소에 떠날 준비를 철저히 하지 않았다. 언젠가는 혼자 남는다는 사실이 괴로워 그냥 묻어두고 세월을 보냈던 것이 아닌가 생각된다.

하나뿐인 딸과 공생관계에 있다가 그 관계가 무너지면서 지금까지 지탱해온 자아가 흔들리기 시작한 것이다. 뿐만 아니라 돈에 대한 집착도 대단한데 혼수를 너무 많이 해주고 살림이 줄어든 것도 상실감을 더욱 부추긴 역할을 했다.

이런 환자는 재혼을 하든지 신앙생활하는 것이 좋다. 딸이 온통 자리잡고 있던 빈 공간을 채우는 데는 그래도 이런 방법이 가장 손쉬운 일이다.

부부관계와 성문제
'집에 들어가기 싫고, 의욕이 없고, 죽고 싶다'는 우울증 환자.
집이 싫다는 것을 보면 집안에 문제가 있다. 이런 경우 십중팔구는 부부간의 갈등이다. 표면에 나타난 것은 남편에게 애정이 없고 가끔씩 손찌검을 한다는 것이다.
치료 시작한 지 일 년이 지나도록 호전과 악화를 거듭했다. 어느 날, 성적 불만으로 이런 증상이 일어날 수 있느냐고 물었다. 사연인즉, 남편이 사 년 전부터 당뇨병을 앓고 있는데 발기장애가 있어 방을 따로 쓰고 있다고 한다.

중년 남성의 발기장애의 원인 중에는 당뇨병이 제일 흔한 원인이다. 이러한 사례를 통해서 보면 중년 여성들에게 섹스는 중요하다. 우리나라 여성들은 섹스 문제를 터놓고 이야기하지 않는다. 가끔 히스테리컬한 여자 환자들이 노골적으로 성문제를 거론하지만 극히 일부분이고, 성문제가 있더라도 이렇게 오랫동안 망설이다가 살며시 내비치고는 슬쩍 말을 바꾼다.

남편에게 애정이 있는 것도 아닌데, 남자구실까지 못 하니 집에 들어가야 무슨 재미가 있겠는가? 사람이 밥먹고 잠자기 위해서만 살아가는 것은 아닐진대. 부부관계에서 성문제는 중요한 자리를 차지하고 있다.

관계망상이 있는 편집증 환자

'내 말을 한다, 나를 비난한다'는 이유로 여직원 따귀를 때린 중년 남성. 여직원은 영문도 모르고 뺨을 맞았다. 가끔 피해망상이나 관계망상이 있는 편집증 환자들이 엉뚱한 사람을 박해자로 혼자서 생각해오다 사고를 저지르는 경우가 있다.

이 환자도 모든 행동은 정상인데, 언제나 주위사람 중 한 명이 자기를 괴롭힌다는 피해망상을 가지고 있다. 이같은 문제로 이웃과 다투다가 이사를 가고 직장을 수없이 옮겨다녔다.

스트레스를 받으면 증상이 점점 더 심해지고, 일이 잘 풀리면 상태가 호전된다. 자신에 대한 통찰력이 없어 스스로는 아무 이상이 없다고 생각하기 때문에 치료받기를 완강히 거부하고 병원도 찾지 않는다. 그러나, 신경이완제를 투여하면 좋은 효과를 볼 수 있다.

'늙으면 보자'

'아들이 바람이 나서 집에 들어오지 않는다, 걱정을 했더니 잠이 안 오고 머리가 아파 죽겠다'고 내원한 환자.

사연인즉, 아직 결혼하지 않고 같이 살고 있는 큰아들에게 남편 몰래 사업하라고 돈을 대주었는데, 아들이 사업은 안 하고 바람이 나서 밖으로만 돈다고 한다. 남편에게 숨기고 한 일이라 혼자서 속만 태우다가 병이 났다는 것이다. 아들 걱정을 하면 남편은 속도 모르고, '당신 보기 싫어 안 들어오는 모양이구먼'이라고 하니 답답해 죽겠다는 것이다. 젊은 시절 남편에게 별로 애정이 없고 사이가 좋지 않았던 아내들 중에는 나이 들어 남편을 따돌리고 아들과 한통속이 되어 남편을 구박하는 일까지 있다. 남편에게 고통을 당하는 아내들이 흔히 쓰는 '늙으면 보자'는 말이 결코 헛말이 아님을 알 수 있다. 늙어서 당할 것을 염려하여 아내에게 잘해주는 남편은 없겠지만, 행여라도 아내의 마음속에 복수의 칼을 갈도록 그냥 내버려두어서는 안 된다. 중년 이후에는 여성들의 발언권이 세어지면서 점점 남성화가 이루어지는 반면, 남성들은 오히려 온화하고 부드러운 면이 나타나면서 여성적이 된다. 그리하여 세력의 균형이 달라지는데, 자신의 치마폭에서 키워낸 아들과 한편이 되어 남편을 허수아비로 만들어버릴 수 있다. 밥만 먹고 큰소리 쳐보지만 이 빠진 호랑이처럼 별로 가족들이 놀라지도 않는다. 애들이 크면 클수록 아내에게 잘 할 일이다.

남편 길들이기

'나이 많은 남편을 골라 시집가면 아버지처럼 포근히 감싸줄 줄 알았는데 오히려 나에게 더 의지하고 내가 먼저 양보해야만 한다, 여자를 위할 줄 모르는 남자를 만나 쉰을 넘긴 것이 후회스럽다, 점점 더 미운 마음이 들어 보기도 싫어진다'고 남편에 대한 불만을 털어놓는다.

흔히 남편에게서 부성애를 찾고자 하는 여성들이 나이 많은 신랑감을 고른다고 한다. 15세 연상의 남자를 골라 시집갔지만 의존욕구가 채워지지 않아 불만이다. 한 여성의 행·불행은 벌써 어린 시절부터 서서히 결정되어진다. 어울리지 않는 짝을 고른다든지 부부간의 갈등을 초래하는 여성들을 보면 성장과정, 특히 부모와의 관계에서 문제가 있었음을 알 수 있다. 어떤 가정에서는 딸을 최고로 호화롭게 키워야 잘 산다고 생각하는 졸부들이 있는데, 십중팔구 결혼생활이 순탄치 못하다. 돈으로 좋은 사위감을 골라잡을 수 있다고 생각하는 사람들도 있다. 실제 아들 공부 좀 시켜 결혼장사하는 부모들도 있다. 신문에도 가끔 나오지만 혼수 적다고 구박했다가 입건된 사람들이 있다. 어떤 젊은 검사가 돈 많은 처가집에 장가들었다가 이혼하는 것을 보았다.

그러고 보면 중매반 연애반으로 충분히 상대방을 알고 결혼하는 것이 좋을 것으로 생각된다. 우리나라 사람들의 결혼만족도를 보면 연애결혼한 사람들이 40퍼센트, 중매결혼한 사람들이 32퍼센트로 연애결혼에서 더 만족도가 높은 것으로 나타났다. 결혼은

제2의 탄생이다. 특히 여성에겐 어떤 남자를 만나 결혼했느냐에 따라서 성인기 이후의 행·불행이 결정된다. 대부분 결혼갈등으로 상담해온 여성들을 보면, 너무 철없이 남편을 만났다고 후회하고 있다. 멋내기도 메뚜기 한철이고 좋은 신랑감 골라잡는 방법 중에 하나겠지만, 자신에 맞는 신랑을 고르기 위해서 책도 많이 읽고 선배들의 조언도 충분히 들어 남성 고르는 안목을 길러두어야 한다. 우선 본바탕이 좋은 신랑을 골라야 길들이기가 그만큼 수월하기 때문이다.

아파트 증후군

'두 달 전 아파트로 이사갔는데, 잠이 안 오고 불안하다, 아파트에서 살면 좋은 줄 알았는데 꼭 성냥갑 속에 들어 있는 것 같이 답답하다'고 찾아온 환자. 아파트 증후군이라 할까? 단독주택에서 오랫동안 살았던 사람들이 아파트, 특히 고층 아파트로 이사 간 후 비슷한 증상을 호소하는 환자들이 많다.

열린 공간에서 땅을 밟고 살던 사람들이 시멘트 벽 속에 갇혀 있다고 생각하면 숨통이 막힐 것이다. 이 환자는 특히 애들이 성장하여 하나씩 집을 떠나고 난 뒤 부부가 둘이 남게 되자 몇십 년간 살아온 정든 집을 팔고 살기 좋다고 아파트로 이사를 갔으나 건강이 안 좋자 귀신든 줄 알고 굿하고 찾아온 사람이다.

아무튼 아파트는 우리의 정서에 맞지 않는다. 이웃과 단절되고 외부와 차단된 주거형태는 정서적으로 나쁜 영향을 미친다. 아랫집 할머니가 또 시끄럽다고 쫓아오지 않을까 말도 크게 하지 못하고 걸을 때도 살금살금 걸어다녀야 하니 이웃 잘못 만나면 더욱 살맛이 안 난다.

따스한 햇살을 받고 시원한 공기를 마시며 하늘을 바라볼 수 없는 주부들은 우울증에 걸려 병원을 찾아온다. 이러한 환자들에 겐 등산과 같이 땅을 밟고 햇볕을 쪼이는 운동이 도움이 된다. 최근에는 우울증이나 불면증도 충분한 햇볕을 쪼이지 못했을 때 온다는 가설이 있다. 인간의 생체리듬도 전적으로 자연환경에 따라 영향을 받는다는 것이다. 특히 일조량이 생체리듬에 결정적 역할을 한다. 계절에 따라 영향을 받는 우울증도 10퍼센트 이상 된다는 우리나라 연구결과도 나왔다. 자연과 더불어 인간과 함께 살아가는 삶이 가장 건강한 삶에 이르는 지름길이다.

자식들 때문에 마지못해……
'가출한 지 일 주일 되었는데 남편이 무서워 들어갈 수가 없다, 남편에게서 마치 뱀처럼 싫은 기를 느낀다'고 울먹인다.

끔찍한 일이다. 뱀처럼 싫은 남편과 한지붕 밑에서 밥을 해먹고 살을 섞어야 한다니. 자식들 때문에 어쩔 수 없이 살아가고 있는 한국의 어머니들은 아직도 많다. 그래서 이혼율도 아직은 일본의 절반 정도밖에 되지 않는지 모른다.

남편은 공무원인데 편집증 환자이다. 의처증에다 독한 매질까지 한다. 신혼 초부터 맞으면서 삼십 년 이상을 참고 살아왔다. 사위 앞에서도 거침없이 주먹을 휘둘러대니 이 남편의 병세는 중증이다.

이런 아내들을 보호할 법적 제도가 하루빨리 만들어져야 한다. 제도에 따라 보호망이 우선 마련되고 계몽을 해야 한다. 구타할 가능성이 많은 남성을 알아내는 법, 이를 방지하는 방법 등 계몽을 통해서 사회적 인식을 높이고, 상습적인 폭력 남편에게는 강력한 법적 대응이 이루어져야 한다. 그래서 경찰관들마저 부부가 싸우다 맞고 왔다고 하면 웃으면서 둘이서 알아서 하라고 회피하는 관행이 일소되어야 한다. 폭력 남편에게는 부부 싸움 그 자체가 의견조정의 수단이 아니고 스트레스를 푸는 방법 이외에 아무것도 아니다. 이웃집에서 신고하면 즉각 경찰이 출동할 수 있도록 개인의 일이 아니라 사회적 차원에서 대응해 나아가야 할 것이다.

이 환자는 가출을 포기하고 다시 집으로 돌아가면서 '막내 학교 졸업할 때까지만 살겠다'고 말했다.

폐경 이후 왕성해진 성욕

58세 여자 환자가 내원했다. 처음에는 어지러워서 찾아왔다고 했는데, '자꾸 성욕이 일어나 잠을 이룰 수 없다'고 얼굴을 붉힌다.

흔히 폐경 이후에는 성욕도 없고 아무 감각이 없는 여성이 되는 줄 잘못 알고 있는 남성들이 있는데 천만의 말씀. 나이를 먹어도 마음은 언제나 청춘이고 육체 또한 이성을 그리워한다. 오히려 폐경이 되고 나서 성적으로 왕성해질 수 있다. 정신적으로 해방감이 일어나기 때문에 성욕이 왕성해진다는 주장이 있다. 세계 장수촌의 성생활을 보면 늙어서도 변함없이 섹스를 즐기고 있었다. 나이먹어서 성생활을 한다면 주책없는 일로, 건강이 나빠지는 것으로 생각하는 사람들이 있는데 그렇지 않다. 독신자들이 오히려 평균수명이 짧다는 연구보고서가 나와 있다. 적당한 성생활은 신진대사를 왕성하게 하고 활력을 넣어 수명을 연장시키는 역할을 한다.

이 여자 환자도 대학을 졸업했지만 주정뱅이 남편에게 속아서 시집와 한평생을 세상답게 한번 살아보지 못한 채 삼 년 전 남편과 사별했는데, 못다한 꿈이 이제 피어오르는가 청춘이 다시 되살아나는가 이성이 그리워 잠 못 이루겠다는 것이다. 항우울제로 치료한 다음 성욕이 정상으로 되돌아왔다.

눈물은 약이다

몇 년 전 막내딸을 수녀원에 보내는 마당에서 눈물이 마구 쏟아지다가 갑자기 속에서 폭풍이 몰아치는 느낌이 들더니 눈물이 뚝 멈추고 가슴이 답답해지며 숨쉬기가 곤란해졌다고 한다.

마음속으로는 딸을 포기하고 아무렇지도 않은 것 같은데 무슨 귀신이 들었는지 이렇게 고통이 심하다는 것이다. 며칠 전 두 시간 정도 울고 났더니 속이 휑해지면서 좀 나아졌다고 했다.

정신신체의학에서 '눈물은 약이다'는 개념이 있다. 감정을 표현해야 건강에 좋다는 뜻이다. 흔히 슬픈 일이나 괴로운 일을 당했을 때 통곡을 하면 주위사람들이 울지 말라고 달래는데 의학적으로는 좋지 않다. 흘려야 할 눈물은 쏟아버려야 감정이 정화되어 건강에 좋다.

너무도 엄청난 일을 당하거나 큰 충격을 받으면 기가 막혀 눈물도 안 나온다는 말이 있는데, 이 환자에게서 그 예를 본다.

그래서, 진료실에 와서 평평 눈물을 쏟아내는 환자를 보면 정신과 의사는 안도의 한숨을 쉰다. 또 은근히 눈물을 흘리기를 기다렸다는 듯이 모나리자 티슈를 뽑아 잽싸게 건네주기도 한다.
 어떤 환자는 병원에 와서 울지 않겠다고 다짐하면서 진료실을 들어왔지만 의사를 보자마자 친정오빠를 만난 것 같아 북받치는 설움을 참을 수 없었다고 한다. 이러한 환자들은 화장지 한 장 빼 주는 것만으로도 치료가 절반은 된 셈이다. 좋은 의사환자관계가 치료상황에서 가장 중요한 요소 중에 하나임을 실감한다.

부부싸움 후 찾아온 남성
 '최근에 아내가 변했다, 조그만 일에도 짜증을 내고 화를 내서 체면이 서지 않는다, 나는 오직 아내와 자식밖에 모르는 사람인 데 아내에게 어떻게 대해야 할지 모르겠다'고 부부싸움 뒤에 황급히 달려온 중년 남성. 부부싸움 후엔 주로 여성들이 병원을 찾아오기 때문에 이런 경우는 흔치 않다.
 그 중년 남성 말에 의하면, 싸운 뒤에 홧김에 집을 나섰지만 마땅히 찾아갈 곳도 없어 정신과 의사를 만나보면 도움을 받을 수 있지 않을까 하는 막연한 기대감으로 찾아왔다는 것이다.
 부인에게 제발 전화 좀 걸어 화해를 시켜달라는 요청을 받고 수화기를 들었다. 부인의 말에 의하면, '남편이 언제나 나를 감시하고 있다, 집 밖에 한 발짝도 나갈 수가 없다, 자유가 없다, 부부싸움을 한 뒤에 언제나 내가 먼저 사과를 해야 풀어진다, 이번엔 하도 숨통이 막혀 죽기 살기로 대들었더니 겁을 먹은 모양이다, 남편은 나를 지극히 사랑한다고 말하지만 이건 사랑이 아니다'고 끝도 없이 전화로 호소한다. 흔히 의심 많은 남편들이 아내를 독점하기 위해 사랑이란 이름으로 자유를 박탈하고 오직 집안에서만 머물도록 한다. 밖에 나가면 금방 바람나 도망칠 것 같은 불안에 휩싸여 있다.

필자는 남편에게 말했다.

"아내를 자기의 틀 속에 얽어매두려는 것은 진짜 사랑이 아닙니다."

건강염려증 환자

'어깨가 섬섬하고 뭐가 기어가는 것 같다. 나병이 아닌가 두렵다'고 찾아온 이 남자는 피부과에 가서 진찰을 받았지만 건강염려증이 심한 것 같다면서 정신과에 가보라고 추천했다는 것이다.

여러 병원에서 진찰도 받고 동일한 증상으로 오랫동안 시달리다 보니, 어렴풋이 노이로제를 앓고 있다는 것을 느끼지만 좀체로 나병에 대한 두려움은 사라지지 않는다.

이 환자에게 기본 병리검사를 실시하였다. 의외로 혈당이 높고 당뇨가 발견되어 당뇨에 의한 말초신경염이 동반되어 증상이 악화되었음을 알 수 있었다. 증상만 들어보고도 노이로제 환자라는 것은 어느 의사나 알 수 있다. 그러나 정신과 환자라는 이유로 기본검사를 소홀히 해서는 안 된다는 교훈을 남겨주었다.

일과성 정신병적 의처증

'내 친구와 아내가 한방에 있었는데 틀림없이 무슨 일이 일어났다'고 호소하는 남성.

'고백하라, 고백하지 않으면 내가 죽겠다고 흥분하여 손목을 칼로 그어대자 놀란 아내는 아무 일도 없었는데도 거짓으로 잠자리를 했다고 고백하자, 솔직히 말하니까 용서한다'며 증상이 서서히 가라앉기 시작했단다. 이 책을 읽는 의처증 환자의 아내들은 혼동하지 말아야 한다. 보통 의처증 환자들은 무슨 일이 있었느냐고 계속 다그치면서 고백을 강요하는데 고통에 못 이겨 행여라도 거짓고백을 하게 되면 그후부터 제2, 제3의 고백을 강요하며 점점 증상이 심해진다. 그런데 이 환자는 오히려 증상이 완화되었으니 알다가도 모를 일이다. 성질 급한 환자가 무엇을 숨기는 듯한 아내의 태도에 답답해서 발광하다가 거짓고백으로 속이 좀 후련해져 상태가 누그러진 것이 아닐까? 환자 성격을 알아봤더니 장기를 두더라도 절대 졌다고 받아들이지 않고 자기 주장을 한번 펴기 시작하면 끝까지 굽히는 법이 없다고 하였다. 일반 의처증 환자와는 달리 치료에도 아주 협조적이었다. 환자상태가 빨리 호전되어 단순한 의처증이 아닌 일과성 정신병적 상태였을 것이라고 생각되었다.

　이와같이 중년기에는 여러 가지 심리적 갈등에 시달린다. 특히 중년 여성들은 우울증에 시달리는 사람들이 많고 폐경에 따른 신체적 고통도 따른다. 그동안 억눌려왔던 여러 가지 불만들이 폭발하면서 부부간의 갈등이 증폭되기도 한다.

　건강 위주의 생활을 하고 새로운 역할을 찾아 창조적인 생활을 하도록 자신의 전반기 인생을 되돌아보고 후반기 인생을 설계해야 한다.

　가정의 평화를 유지하도록 세심한 주의를 해야 하며 부부가 새로운 갈등에 노출되지 않도록 하고, 육체적인 면보다는 정신적인 교감이 일어나도록 배우자를 새롭게 바라다보아야 한다.

인생의 황혼기를 맞이한 노년들

　21세기가 시작되는 2천년에는 우리나라도 65세 이상의 노인이 약 삼만 명 이상으로 전인구의 7퍼센트를 넘어서 소위 선진국형 인구형태를 보일 것이다.
　정부에서도 이에 대비하여 1991년 보사부에 노인복지과를 신설하고 노인보건법을 제정했지만, 노인복지예산은 겨우 GNP의 0.7퍼센트에 불과해 노인복지정책은 피부에 와닿지 않는 실정이다.
　노인전문병원 하나 제대로 없고, 노인연금제도가 없는 상태에서는 노인복지란 구호일 뿐이다. 아직도 가정에서 노인을 돌보지 않으면 그대로 버려진 상태로 방치되고 있는 노인들이 수없이 많을 것이다.
　그 옛날 경로효친사상의 사회 속에서 보았던 근엄하고 당당한 모습을 지닌 노인들은 찾아볼 수가 없고 조금이라도 젊게 보이려고 머리에 염색을 하고 화장을 하는 할머니들이 급증하고 있다. 지금은 나이먹은 것이 자랑할 수 없는 슬픈 일로 떠오른 지 이미 오래 되었다.

평균 수명의 연장으로 노인성 치매환자들이 날로 늘어가고 있다. 미국에서는 65세 이상의 노인 치매율이 10퍼센트 이상이어서 이 치매환자의 관리에 필요한 국가재정부담이 엄청나다. 세계 최고 장수국인 일본의 연구보고를 보면, 80세 이상 노인의 치매율은 20퍼센트 이상이어서 장수에 따른 부작용이 엄청나다고 한다. 장수하는 것만이 꼭 행복한가 하는 질문을 모두에게 던지고 있는 것이다. 그래서 일본사람들은 열심히 치매에 대해서 몇십 년간 연구를 해오고 있지만, 기억을 돕는 DHA란 물질이 바닷고기, 특히 등푸른 바닷고기에 많다는 연구결과를 냈을 뿐 아직 뚜렷한 해결책을 찾지 못하고 있다.

노년기에는 노화로 인한 신체적 결함과 불편에 시달리는 노인들이 많아 건강에 대한 욕구가 어느 연령층보다 높다. 그러나 투자한 만큼 치료효과를 기대할 수 없고, 대부분 만성 질환인데다 몇 가지 질병에 시달리고 있어 밑 빠진 독에 물붓기라고들 한다.

오늘날 우리나라 노인들은 노후에 대한 준비 없이 노년을 맞아 극심한 허탈에 빠져 있다. 자녀들만 키워놓으면 늙어서는 걱정 없을 것이라고 철석같이 믿고 살아왔는데, 그들의 예상을 벗어나 노인들만 살아가는 단독세대가 절반을 훨씬 넘어섰다.

노년기에 대한 준비는 바로 중년기에 해야 한다. 건강을 증진하고 노후에 쓸 돈을 마련하고 외로움을 달랠 수 있는 일거리도 바로 중년기에 찾아야 한다.

　노인문제는 물론 노년기에 새로 일어난 것도 있지만 중년기의 문제가 계속 해결되지 않고 지속되는 경우도 많다. 결국 노년도 중년기의 연장선상에서 이해해야 할 것이다.

　노년에도 얼마든지 행복해질 수 있다. 경제적인 여유와 건강만 유지하고 있다면, 멋있고 즐겁게 노후를 보낼 수 있다.

　배우거나 가르치는 데도 결코 늦지 않았다. 아직도 여력은 있는 것이다. 경험을 서로 나누고 무엇인가 가치있는 전통과 유산을 남기려는 불타는 의지가 노인들에게서 되살아날 때, 우리가 바라는 이상적인 선진 복지사회에 진입할 수 있는 것이다.

사고호발경향

　십오 년 전에 현남편과 재혼했다면서 두통으로 내원하였다. 습관적인 음주로 인해 남편과 갈등이 많고 가끔 폭행을 당한다고 호소한다.

　관상을 봐서 돈을 잘 벌기 때문에 이혼하려고 해도 놔주질 않는다는 것이다. 글쎄? 남의 관상을 봐주면서 왜 자기 남편은 잘못 골랐는지 알다가도 모를 일이다. 점쟁이 자기 죽을 날 모른다는 속담이 생각난다.

　이 환자는 삼 년 전부터 교통사고, 낙상 등 매년 한 번씩 골절상을 입어 소위 사고호발경향(Accident proneness)이 있는 것으로 추정된다. 이것은 내적 갈등이 있을 때 무의식중에 사고를 불러일으키는 경향이 있다는 것이다.

오갈 데 없는 할머니들

몇 년 전 아들을 잃고, 잠이 안 오고 가슴이 벌렁거리면서 두통에 시달리는 할머니. 며느리들이 받아주지 않아 분노를 삭이면서 홀로 쓸쓸히 살아간다.

아들과 오순도순 살고 싶지만 동거를 거부하는 며느리들 때문에 고독하게 혼자 살아가는 소위 '고독병'에 걸린 할머니들이 늘어만 간다. 여자들이 대부분 장수하기 때문에 홀로 남게 되고 노후엔 보호막을 잃고 만다. 그래서 앞으로 동갑내기나 연하의 남자하고 결혼하는 것도 노후에 대한 대비가 되지 않을까 생각된다.

이들 할머니세대들은 오직 아들만 잘 키워놓으면 노후는 걱정할 필요가 없다는 일념으로 자녀들을 위해 희생해왔는데, 세상은 급변해 억울하고 분한 마음으로 살아가고 있다. 며느리와 한통속이 된 아들들이 많아지면서 더욱 마음의 상처는 크다.

한국의 전통적 가족구조에서 파생된 고부간의 갈등도 서서히 며느리들의 승리로 대세가 잡혀가고 있다. 오갈 데 없는 할머니들이 죽고 싶은 마음으로 살아가는 것이 한국의 풍속도이다.

점점 늘어나는 노인성 치매

'최근에 말이 없어졌다, 아랫사람에게도 말을 올리고 말의 순서가 뒤바뀐다, 날짜나 숫자는 비교적 정확하나 호칭 같은 것이 틀릴 때가 많다'고 아들이 모셔왔다.

노인성 치매가 시작되고 있었다. 노인성 치매란 옛날식으로 표현하면 노망이다. 원칙적으로 치매는 뇌의 기질적 병변이 있음을 나타낸다. 자기공명영상촬영(MRI)을 해봤더니 전두엽이 전체적으로 위축된 것으로 나타났다. 뇌가 쭈그러든 것이다. 70세가 되면 뇌의 무게는 25퍼센트 정도 가벼워진다. 치매 환자는 자꾸 숫자가 늘어간다. 평균수명의 연장과 급격한 사회환경의 변화로 적응을 못한 노인들이 스트레스가 가중되어 날로 증가하고 있다. 노인들이 큰 충격을 받고 난 직후에 갑자기 치매현상이 나타난 경우도 드물지 않다. 그만큼 노인들은 스트레스에 약한 것이다.

할머니의 의부증

66세 할머니가 '남편이 바람을 피운다, 머리가 아프고 잠이 안 온다'고 할아버지와 함께 찾아왔다.

늙으나 젊으나 남편 독차지하려는 마음은 똑같은가 보다. 칠십 된 할아버지가 바람을 피우면 얼마나 피울까마는 병적인 질투는 나이먹어도 여전하다. 의부증의 경우 대부분 젊은 시절부터 시작된 것이 나이먹어서도 계속되는 경우가 대부분이지만, 노망의 형태로 처음 나타난 경우도 있다.

이 환자는 신경이완제를 투여하고 난 뒤 증상이 많이 호전되었는데, 할아버지가 지금도 바람을 피우느냐고 물으면 빙긋이 웃고 만다.

할머니의 질투

'가슴이 답답하고 목에 뭐가 걸린 것 같다'고 찾아온 60대 후반의 할머니. 독실한 천주교 신자인 환자는 어느 날 성당에서 효도관광을 갔었는데, 차 안에서 일행들이 안내양과 할아버지를 혼례식 올린다고 장난하는 걸 바라보고 있노라니 속이 울컥하면서 뭐가 치밀어오르더니 병이 났다. 할아버지는 교직에 있다가 정년퇴직하고 건강관리를 잘 하여 아직도 젊다고 말하면서 '내가 나쁜 마음을 먹었지요?'라고 웃는다. 장난하는 상황을 이해하면서도 병이 나는 것이 여자의 마음인가? 할머니는 삼사 개월 치료하고 증상이 호전되었다. 아마도 병난 이야기는 의사한테만 했을 것이다.

젊었을 때의 문제가 노년까지

'언제나 머리가 아프고, 불안하여 잠이 안 온다'고 노이로제 증상을 호소하는 64세 환자는 겉보기보다는 훨씬 심한 정신병리를 가지고 있었다.

6. 25 당시 첫부인과 결혼하고 얼마되지 않아 입대를 하였는데, 아내는 그만 바람이 나서 가출하고 말았다. 그후 현재 아내를 재취로 맞아들여 아들 딸 낳고 잘 살고 있지만 지금까지도 아내의 외출을 가로막고 바깥 출입을 자유롭게 하지 못하도록 철저히 감시한다.

만약 아내가 이를 어기면 폭풍전야처럼 집안 분위기는 긴장감이 더해가다가 드디어 폭발하고 누군가 피를 보아야 풀린다. 그런 다음엔 갑자기 기가 죽고 우울해지며 자학하지만 똑같은 증상이 일생 동안 계속되고 있다. 젊은 시절 받은 마음의 상처가 일생 동안 아물지 못하고 한 번씩 이렇게 덧나고 있는 것이다.

이 환자는 위로 딸이 둘 있는데 모두들 독신을 고집하고 있다. 시집가서 아버지 같은 남편을 만날까봐, 결혼생활에 대한 매력을 잃어버려 결혼을 거부한다. 부모들의 결혼생활이 자녀들에게 얼마나 큰 영향을 미치는가를 알 수 있다. 아들은 연애결혼 했는데 아이를 갖지 않겠다고 완강히 거부하여 신부가 상담하러 왔다. '어떻게 하면 신랑을 설득하여 아이를 가질 수 있겠느냐'고.

파킨슨씨 병

'왼쪽 손이 가만히 있는데도 떨리고 기억력이 없다'고 찾아온 할머니는 파킨슨씨 병과 노인성 치매를 동시에 앓고 있었다.

이 할머니는 시골에서 오랫동안 살다가 얼마 전부터 광주 큰아들집에서 살기 시작했는데, 도시에만 오면 헛소리를 하고 사람을 알아보지 못한다.

어느 날, 정신이 좋지 않은 상태로 행방불명이 되었는데, 시골에 도착했다는 전갈을 받고 내려가보니 정신이 멀쩡하더라는 것이다. 그후 도시에 오면 정신이 이상하고 시골 고향집에 돌아가면 정상으로 되돌아와 아예 시골에서 옛날처럼 살도록 권유하였다.

자기가 어렸을 때부터 살아온 터를 버리고 낯선 곳으로 가서 산다는 것이 얼마나 스트레스가 되고 정신건강에 나쁜 것인가를 눈으로 봤다.

특히 노인 환자들을 치료할 때는 가급적 환경이 급격히 바뀌지 않도록 하고 자가치료하는 편이 좋은 이유도 여기에 있다. 또한 아들들이 출세하면 부모를 호강시킨다고 시골에서 도시로 모셔 오지만 겉만 좋을 뿐 결코 행복할 수 없는 것이 정든 환경을 바꿔버리는 데서 오는 마음의 공허감이다.

파킨슨씨 병이란 파킨슨이라는 사람이 처음 보고했다고 해서 붙여진 이름인데, 50대부터 서서히 나타나는 뇌의 기질성 질환이다. 일산화탄소 중독, 두부외상, 뇌의 동맥경화, 뇌졸중 후유증으로도 일어날 수 있다. 얼굴 표정이 없어지고 마치 가면을 쓴 것같이 딱딱해지며 몸이 굳고 몸놀림이 느려지고 몸이 부분적으로, 심할 땐 전체적으로 떨리는 만성 질환이다. 반수 이상에서 우울증을 동반하기도 한다.

1959년 뇌신경 호르몬의 일종인 도파민이라는 물질이 부족하여 증상이 일어난다는 사실이 밝혀진 후 극적으로 개선시키는 치료약물이 개발되었으나 완치는 어렵다.

며느리의 구박

'잠이 안 온다, 의욕이 없고 죽고 싶다'고 찾아온 71세의 할아버지는 현재 장남과 같이 살고 있다.

몇 년 전 할머니를 잃고 혼자 살 수가 없어 아들집에 왔는데, 며느리 구박 때문에 살 수가 없다는 것이다. 아들이 출근하고 난 뒤에는 이놈저놈 하고 욕을 하는가 하면 폭행까지 한다는 것이다. 아들에게 일러바치면 더욱 학대가 심할 것 같아 참고 산다는 것이다. 나이를 먹으면 이렇게 무력해진다. 며느리한테 매맞으면서도 그것을 숨길 정도로 나약해졌다. 그저 하루빨리 죽는 날만 기다리며 생지옥 같은 세상을 살아가는 불쌍한 할아버지.

아들에게 전재산을 모두 주고 빈털터리가 되어버린 할아버지는 절대로 재산만은 살아 있는 날까지 자식에게 주지 말고 끝내 지키라고 필자에게 당부한다. 아들이 못됐으면 억울하기라도 덜

하지. 대학 졸업하고 현재 고급 공무원이어도 이러하니 말하여 무엇하리. 적당한 할머니가 있으면 서로 등이라도 긁어주면서 살아갈 수 있도록 주선해주면 얼마나 좋을까 생각해보았다.

치매 치료법

막내손자와 한방을 쓰는데 어느 날 갑자기 '낯모르는 애가 나타나 이불을 빼앗아 덮고 맛있는 음식도 먹어버린다'고 말하는가 하면, 사위가 왔는데 '외간 남자가 왔으니 옷을 입어야겠다'고 당황하는 등 정신이 총총하던 할머니가 헛소리를 하기 시작했다.

노인성 치매는 서서히 진행되는 경우가 대부분이지만 이렇게 갑자기 증상이 악화되는 경우도 있다. 대체로 정신적 충격을 받거나 환경이 갑자기 바뀌어졌을 때 급성으로 온다.

현재까지 치매를 완치시킬 수 있는 치료법은 개발되어 있지 않다. 대부분 시간이 지날수록 점점 더 증상이 심해진다. 치매 환자가 있는 집안은 가족들이 엄청난 고통을 당하고 보호자 한 사람이 언제나 딸려 있어야 한다. 게다가 거동이 힘들거나 대소변을 가리지 못한다면 더욱 모시기가 어렵다. 그래서 치매 환자만이라도 치료하는 전문병원이 하루빨리 문을 열었으면 한다.

노인성 정신질환을 앓고 있는 환자들을 위한 종합적인 대책이 시급해지고 있다.

어차피 인생은 누구나 마지막 황혼기를 거칠 수밖에 없다. 이 시기를 따뜻하게 보내야 유종의 미를 거두는 것이다. 사람은 그가 살아온 대로 죽음을 맞이하듯이 이 노후 또한 젊은 시절에 살아온 그대로 노후를 맞는다. 그래서 사람의 일생은 어느 시기가 중요하고, 중요하지 않은 시기가 없다. 모두 다 그 나름대로 의미가 부여되어 있기 때문이다. 그런 의미에서 노년의 의미가 가벼워지는 것은 잘못된 것이다. 젊은 시절 왕성한 활동을 자랑하던 그 마음을 평생 잃지 말아야 한다. 노익장을 과시하는 청춘 같은 노인들이 많아져 새로운 바람을 불러일으켜야 한다. 더 이상 자녀들에게 구걸하는 모습을 보여서는 안 되겠다.

　노년은 결코 추한 것도 힘이 없는 것도 아니다. 이 세상 끝까지 뚜벅뚜벅 당당하게 걸어가는 노인은 아름답다.

　마지막으로, 자신의 살아온 생을 글을 쓸 수 있는 사람은 글로 남기고, 그렇지 못한 사람은 녹음 테이프로 훌륭한 경험과 교훈을 후손에게 남기는 것이 가장 큰 유산이다. 나이를 먹을수록 건설적이고 창조적인 삶이 무엇인가를 항상 생각하고 그것을 실행하려고 노력하는 것이 젊게 사는 방법이다.

제2부
옥신각신 부부 사랑학

사랑의 묘약은?

　미국 어느 거리에서 본 장면이다.
　하이킹 차림의 젊은 남자가 자전거에 걸터앉은 채 마주보고 서 있는 연인의 허리를 껴안고 있었다. 무슨 말을 했는지 고개를 뒤로 젖히고 한바탕 흐드러지게 웃다가 또 신나게 조잘거리다가 서로의 품 속에 얼굴을 파묻는 것이다. 삼십 분이 지나도 그들의 동작은 지속되었고 신나는 대화는 끝이 없었다.
　흔히 서양 사람들은 '사랑한다'는 말을 하루에도 수없이 반복하지만, 우리나라 사람들은 십 년이 지나도 '행주치마 입에 물고 입만 벙긋' 하는 식으로 남녀가 똑같이 벙어리식 사랑표현에 길들여져 있다.
　물론 이것은 문화적 차이라고 말할 수 있겠지만, 요즘 서양식 교육을 받고 살아온 세대들의 사고방식은 서구화되어 옛날 유교식 사고의 틀에서 상당히 벗어나 있다.

특히 유행에 민감하고, 적응력이 뛰어나고 진보적인 성향을 가진 여성들은 남성들보다 모든 면에서 서구화 속도가 빨라 전통을 더 고집하는 남성들과는 대화의 단절이 일어나고 있다. 남성들이야 사회성에서는 여성들보다 앞설지 모르지만, 인간의 내면에 대한 문제는 여성보다는 더 둔감한 편이다.

서로간에 친밀하고 원활한 대화가 이루어지려면 남녀의 특성이나 성격을 잘 알고 있어야 하는데, 남성들이 여성의 특성을 무시하는 데서 오는 반발심으로 여성들은 남자나 여자나 다를 게 뭐냐고 항변하기에 이르렀다.

파경부부 대부분이 대화부족이라는데……

역시 여성들은 남성들보다 섬세하고, 감성적이며, 기분에 쉽게 좌우된다.

이러한 특성을 잘 알고 대화에 임해야 되는데, 배우자의 기분이나 입장은 이해하지 않고 일방통행식 대화를 하기 때문에 부부간의 갈등이 증폭된다.

소위 신경성질환으로 정신과 외래에 찾아오는 주부들의 85퍼센트가 부부간의 대화부재에 그 원인이 있다. 이십 년 동안 남들이 잉꼬부부라고 부르는 부부를 상담한 적이 있다. 아내가 시름시름 아프기 때문에 이 병원 저 병원 명의를 찾아다니면서 진찰을 받았지만 특별한 신체적인 병은 없고 신경성이라는 것이다.

경제적으로나 사회적으로 안정되어 있고 겉으로 봐서는 전혀 문제가 없어 보여, 부부를 따로따로 만나보았다.

남편은 아내가 이 세상에서 제일이고 자신만을 그렇게 사랑할 수가 없다는 것이다. 그러나 아내를 만나보니 남편은 자신의 마음은 아랑곳없이 자기 스타일대로만 한다는 것이다. 자신이 참고 살아왔기 때문에 집안이 조용하지 속에 있는 불만을 다 터뜨렸더라면 벌써 갈라섰을 것이란다.

한편, 이혼의 원인 중 가장 많은 것이 서로의 성격차라고 하는데, 이것은 원활한 대화가 이루어지지 않은 데서 오는 의사소통의 문제라고 볼 수 있다. 부부간의 대화가 원활하지 못하면 파국으로 치닫고 마는 것이 요즘 세태이다.

대화의 내용을 살펴보면, 크게 두 가지로 나눌 수 있다.

우선 가장 간단한 대화의 내용은 단순히 배우자에게 하소연하는, 답답함을 호소하는 대화로 '이내 속을 좀 알아주오' 하는 식의 대화이다. 이때는 그저 들어만 주든가, 고개를 끄덕인다든지, 맞장구쳐주는 것만으로도 충분히 대화의 효과를 얻을 수 있다. 같이 있어주는 것만으로도 기분이 풀리고 카타르시스가 되어 부부는 더욱 다정해진다.

그 다음은 한 단계 차원 높은 대화로 배우자에게 도움을 청하거나 의견을 묻는 내용이다. 이때는 어느 한편이 혼자서 의사결정을 하지 못해 고민하거나 갈등을 겪고 있기 때문에 맞장구치는 식으로는 안 된다. 자신의 견해를 밝히고 조언을 할 수 있어야 한다. 이쯤 되려면 평소에 견문을 넓히고 독서를 통해 지적 수준을 높여야 하며, 최소한 그날 신문만이라도 꼬박꼬박 읽어 시사성이 있는 문제만이라도 파악하고 있어야 한다. 남편이 아내에게 의견을 묻고 있는데, 묵묵부답이거나 엉뚱한 대답을 하면 화만 불러일으키고, 그 뒤엔 점점 대화를 회피하게 된다.

대화도 연습과 훈련이 필요하다

우리나라 남편들은 아내와 대화하려 해도 별로 할 말이 없고 싱겁다고 한다. 그 이유는 아내들이 오직 가정에만 매달리다 보니 시야가 좁아져서 대화의 질이 떨어지고 대화의 내용도 빈약하기 때문이다.

어느 한 조사에 의하면, 우리나라 부부들이 하룻동안 하는 대화내용을 분석해보니 자녀문제가 57퍼센트인 반면 부부 자신들의 내용은 겨우 1.3퍼센트에 불과했다고 한다.

배우자 서로에게 관심을 갖고 옷매무새라든지 서로의 표정 하나에서부터 예술이나 철학적인 내용까지도 느낌을 표현하고 견해를 밝힐 수 있을 때, 부부는 떨어질래야 떨어질 수 없는 관계가 된다.

대화도 연습과 훈련이 필요하다. 특히 남편들은 자신이 사소한 일이라고 생각하는 것들도 아내에겐 흥미거리이고 신나는 일이라는 사실을 알아야 한다. 또한, 아내들은 자신의 불만을 말하지도 않고서 남편이 눈치로 알아서 해결해주기를 바라서는 안 된다. 서로가 말을 하지 않고서는 서로의 마음을 알 수가 없는 것이다.

또 대화에는 분위기가 중요하다. 싸울 분위기에서 대화하면 싸우게 되고, 행복한 분위기에서 대화하면 행복해진다. 서로가 좋은 분위기를 연출해내고 그런 분위기에서 대화할 때 부부사랑은 더욱 깊어간다. 조용한 숲 속이나 낭만적인 바닷가, 감미로운 음악이 흐르는 카페, 때로는 집안에서도 시원한 맥주 한잔, 따끈한 커피 한잔만으로도 얼마든지 멋진 분위기를 만들 수 있다. 부부 간의 대화는 자신의 주장을 관철시키는 것이 아니고, 배우자의 말에 귀를 기울이고 속마음을 이해하는 것이다.

또한 절대로 상대방의 약점을 물고 늘어져서는 안 된다. 여자는 칭찬에 약한 점이 있으므로 좋은 점을 찾아내어 아낌없이 찬사를 보내야 한다. 특히 배우자 한편에서 어떤 실수를 했더라도 그것을 약점으로 이용해서는 안 된다. 실수를 인정했는데도 용서하지 않으면 반발심이 생겨 일을 더 그르치는 경우가 있다.

부부싸움 뒤랄지 어떤 실수를 한 뒤에는 자존심을 버리고 잘못을 솔직히 인정해야 한다. 자존심 대결에서 남는 것은 서로에게 더 깊은 상처뿐이라는 사실을 알자.

그리고 언제나 진실을 말해야 한다. 부부 사이엔 신뢰감만큼 중요한 것이 없다. 부부 사이의 대화를 통해서 깊이 이해하는 사람이 더 깊이 사랑하는 사람이다. 부부 사이의 대화가 바로 사랑의 묘약인 것이다.

끼 있는 아내와 의심 많은 남편

　의사들은 대체로 성격이 소심한데다 꼼꼼하고 완벽주의적이어서 일에만 몰두하게 된다. 그런데, 이러한 특성을 가진 의사들은 자신도 모르게 말이 많고, 과시하기 좋아하며, 변덕이 많은 여성들을 자기 아내로 선택하기 때문에 의외로 부부간의 갈등이 많다는 보고가 있다.
　남녀관계란 자신에게서 부족한 면을 상대방한테서 발견했을 때 호감이 가고 연애감정이 일어나며, 이러한 감정이 발전하여 결국 결혼으로 이어진다.
　자신은 의식하지 못하지만 거의 무의식적으로 자신의 성격을 보완하기 위해서 배우자를 선택한다는 것이다. 아무튼, 배우자의 성격이 서로 달라야 잘 산다느니 똑같아야 한다느니 하는 주장들이 서로 엇갈리고 있다.

그러나, 이혼의 사유나 부부문제를 상담한 내용들을 분석해보면, 요즘 우리나라 부부갈등의 가장 큰 원인은 성격차이로 분석되고 있다.

성격차이는 남녀간의 특성뿐만 아니라 개인적인 차이에서 비롯된다. 똑같은 성격을 가진 사람은 아마 이 세상에 없을 것이다. 특히나 부부는 엄밀히 말하면 남남인데 성격이 같을 수야 없다. 세상 대부분의 부부들은 조금씩 다르지만 이해하고 양보하며 살아가는 것이 일반적인 부부형태이다.

성격적인 특성 때문에 부부문제가 일어나는 경우가 있다. 끼 있는 아내와 의심 많은 남편의 경우이다. '끼가 있다'는 말은 '바람기가 있다'는 말에서 파생되었다. 바람기는 '들뜬 마음' '복잡한 이성관계를 가지거나 그 상대를 바꾸는 기질' 등의 뜻으로 국어사전에는 풀이되어 있는데, 아무튼 바람기는 기(氣)임에 틀림없다. 뭐라고 딱 꼬집어 말하기는 어렵지만 우리의 생명력과 밀접한 관계가 있고 이성보다는 감성적인 삶의 특성을 나타내는 것으로 생각된다. 프로이트가 말한 인간이 지니고 있는 리비도와 일맥상통한다.

끼 있는 여성에겐 남성이 몰린다

그러나 요즘엔 끼가 있다는 말이 보다 광범위하게 쓰여진다. 물론 이성에 대한 호기심만을 가리킬 때도 있지만, 뭔가 가만히 있지 않고 활동적이면서도 여기저기 관심을 보이고 무엇이든 해보려는 호기심 많은 사람들의 특성을 말할 때 흔히 끼가 많다고 한다.

그런데, 그 끼 있는 아내와 함께 사는 남편들은 의심 많은 사람들이 흔하다. 이러한 남편들은 아내를 못 믿어 간섭이 많고 자신의 요구대로 정해진 틀 속에서만 활동하도록 행동을 규제한다. 남편들의 주장은 한결같이 '나는 아내밖에 모른다' '나는 아내를 죽도록 사랑한다'는 표현을 한다. 그러나 아내들은 남편의 제약 속에서 숨이 막힐 듯하다고 하소연한다.

어디를 가서 조금만 늦어도 야단이 나고, 언제나 집안에서만 머물러 있어야 하고, 허락하지 않은 행동을 했다가는 큰소리가 나고, 다른 남성 이야기만 나와도 긴장감이 도는 그런 분위기다.

병원을 올 때도 그들 부부는 함께 오는 경우가 많다. 부인은 제발 병원에 올 때만이라도 혼자 올 수 있게 내버려두었으면 좋겠다고 한다.

남편은 남편대로 내가 이렇게 잘 해주는데 무엇이 불만이어서 병이 났는지 모르겠다고 고개를 갸우뚱한다. 혹시나 몰래 누군가를 흠모하고 있지 않을까. 첫사랑의 연인을 가슴속에 묻어두고 있는 건 아닐까 의심한다.

끼 있는 여성에겐 남성들이 몰려든다. 여자의 꽁무니에서 살랑살랑 바람이 이니, 남성들이 몰려올 수밖에 없다. 그 중에서도 내성적인 남성들이 그 여성에게서 자기하고 다른 면을 보고 더욱 매력적으로 보여 반하게 된다.

히스테리 여성과 의처증 남편

이렇게 해서 남녀관계는 인연이 되고 얽히고 설켜진다. 이 내성적이고 꼼꼼한 남편들이 아내밖에 모르고 충견(忠犬)처럼 마누라 치마폭만을 휘감고 도는데, 생각보다 마누라가 냉랭하다면 의심이 생길 수밖에.

 화끈할 것 같았는데 막상 살아보니까 별로 잠자리도 시원찮고 자기보다는 남에게 관심이 많은 것 같고, 낮 동안에는 말도 많고 꼬리를 치면서 눈웃음을 짓더니만, 글쎄 잠자리에 들어가면 피곤하다느니 하면서 이리저리 돌아눕고 나무토막처럼 굳어지니 의심이 갈 만도 하다.

 이쯤되면 남편 입장에서는 어디 벽 속에 숨겨둔 남자가 있지 않을까 서서히 의심이 생길 것이다. 특히 얼굴이 반반하면서 이러한 태도를 취하는 아내가 있다면 십중팔구는 남편이 의처증 증세를 보인다.

 이 끼 있는 여성들의 성격특성은 히스테리성 성격의 소유자가 가장 많다. 이러한 여성들의 특징은 자기중심적이고, 의존적이며, 화려하게 과시하길 좋아하지만, 정서적으로 미숙하고 의외로 성적인 불감증이 많다는 것이다.

 세상은 공평하고 조화로운 것이다. 이러한 여성에게 꼼꼼하고 내성적인 남성이 반하게 되어 있으니. 정말 부부가 되어 이 세상을 살아가는 것은 전생에 무슨 인연이 있었는지도 모르겠다.

싸울 땐 화끈하게

한 번도 싸울 필요를 느끼지 않는 부부가 있다면 거짓말이다. 싸움을 모르고 살았다는 부부도 자세히 들여다보면 문제부부인 경우가 있다.

친한 친구가 되기 위해서는 좋은 일도 함께 하고, 섭섭한 감정도 경험해야 되듯이 부부가 하나 되기 위해서, 허구한 날 한지붕 밑에서 한솥밥을 먹고 살을 섞으며 살다보면 서로의 요구가 달라 맞부딪칠 때가 한두 번이 아닐 것이다.

대개 부부싸움이 없는 부부들 중에서도 자기 의견을 말하지 않고 참아버리거나, 싸움 자체를 두려워하여 회피하거나, 싸우지 않는 것이 최선인 줄만 알고 히죽히죽 웃고 지나기 때문에 싸움이 일어나지 않는 경우도 있다.

내 친구 부인은 정말 남편과 한바탕 실컷 싸워봤으면 좋겠다고 하소연한다. 어느 땐 스트레스가 쌓일 대로 쌓여 '오늘은 퇴근하면 한바탕 싸워야지' 하고 벼르지만 남편은 아내의 바가지를 다 들으며 그저 히죽히죽 웃기만 하니 싸움이 되지 않는다. 결국 그 부인이 소화가 안 된다고 가슴 답답함으로 병원을 찾게 되었다. 한쪽이 전혀 상대를 해주지 않으니 오히려 스트레스가 가중된다는 것이다.

물에 술탄 듯, 술에 물탄 듯

싸우지 않는 방법이 최선이지만 싸우지 않으면 안 될 상황에서는 정말 화끈하게 싸워야 한다. 불만을 말하지 않고서는 서로의 속마음을 전혀 알 수가 없는 것이 부부관계이다. 평소에 참아왔던 불만들을 툭 털어내야 스트레스가 확 풀려 건강에도 좋고 부부생활도 활력을 얻는다. 부글부글 끓어오르는 화를 속에 담아두고 있으면 틀림없이 소화가 안 되든지, 머리가 아프든지, 의욕이 상실되어 시름시름 앓게 된다.

그래서, 때로는 화끈한 부부싸움이 생리적인 자극을 주어 건강을 촉진시키는 역할을 하기도 한다. 뿐만 아니라 가정 분위기도 쇄신된다. 서로가 자신을 돌아보게 되고 해이해졌던, 소홀히 했던 느슨한 마음들을 한꺼번에 씻어주는 것이 부부싸움의 위력이기도 하다. 폭풍우 지난 뒤 그 상쾌함 같은 것을 부부싸움 뒤에 맛볼 수도 있다.

물에다 술탄 듯 술에다 물탄 듯, 별로 기대하는 바도 없고 뾰족한 수도 없이 그저 부부라는 의무감 때문에 죽지 못해서 사는 것마냥 살아가지 말고 새로운 바람을 불어넣을 필요가 있다. 겨울에 춥다고 바람구멍만 계속 틀어막으면서 어두컴컴하고 칙칙한 방안에서만 생활할 것이 아니라, 창문을 활짝 열고 겨울의 찬바람을 실내로 끌어들일 필요가 있듯이 부부생활에도 때로는 새로운 바람을 이용할 필요가 있다.

파괴적인 부부싸움

화해할 능력이 없으면 아예 싸우지 말라. 한지붕 밑에 사는 사람과 감정의 응어리가 풀리지 않은 채 매일 마주대하고 살아가기란 정말 생각만 해도 끔찍한 일이다.

어떤 부부들은 싸운 뒤엔 아예 말을 하지 않고 몇 개월씩 버티는 인내력 좋은 부부도 있다. 기어이 상대방이 말을 하지 않으면 나도 말하지 않으리라는 굳은 결심으로 하루하루를 보내는 것은, 사실 깨닫고 보면 모기 미워라고 옷벗고 자는 꼴이다. 이쯤되면 오기도 이만저만이 아니고, 그 알량한 자존심 또한 알아줄 만하다.

그게 부부생활에 무슨 도움이 된단 말인가. 부부싸움에는 반드시 동기가 있었을 것이고 싸우는 동안에 서로의 입장을 확인했을 텐데, 그렇다면 이제는 서로를 이해하고, 용서하고, 화해를 해야지 어느 한편의 무릎을 완전히 꿇린다고 해서 부부생활에 무슨 보탬이 되는가 생각해볼 일이다. 그야말로 백해무익한 일일 뿐이고, 만약 어느 한쪽을 굴복시켰다면 그 부부생활은 파괴적인 부부관계임에 틀림없다.

대개 이러한 부부관계에서는 어느 한편이 육체적인 병이 들든지, 우울증에 걸리든지, 아니면 다른 사랑의 상대를 꿈꿀지도 모른다. 이런 파괴적인 부부싸움은 문제부부에서 흔히 볼 수 있다.

부부싸움의 승자와 패자

부부싸움을 한바탕 신나게 하고 나서 서로 부둥켜안고 통쾌하게 함께 웃을 수 있는 마음의 공간이 있다면 그 부부는 행복하다. 어떤 부부는 싸운 뒤에는 언제나 어느 한편에서 잘못했다고 빌고 화해를 청하는 쪽이 정해져 있는데, 이런 경우에도 일단 문제부부의 대열에 들어간다고 볼 수 있다. 어찌하여 매번 싸울 때마다 어느 한편만이 잘못이 있겠는가. 우리나라에서는 잘잘못을 떠나서 화해를 청하는 쪽이 대부분 아내이다. 그래서 아직도 우리나라 남편들은 행복하다.

그러나, 시대는 자꾸 변하는데 이 불완전한 행복이 얼마나 길지 의문이다. 부부싸움엔 승자도 없고 패자도 있을 수 없다. 잘 해결되지 않은 부부싸움은 둘 다 패자이고, 싸운 뒤라도 멋지게 화해를 했다면 아내나 남편 모두가 승자이다.

부부싸움이란 그 자체가 단지 극렬할 뿐 대화의 한 형태이다. 화해만 잘 된다면 싸우기 전보다도 오히려 훨씬 더 신선감을 줄 수도 있고 잠자리에서도 더 뜨거운 체온을 맛볼 것이다.

의창에 비친 현대인의 성

예전엔 성에 대한 상담자들은 청소년들이 대부분이었다. 그러나, 최근엔 청소년의 숫자가 급격히 줄고 결혼한 사람들이 많아졌다. 그 이유는 확실치 않지만 아마도 700국 정보 데이터나 청소년전화 등을 쉽게 이용할 수 있는 여건이 마련되었기 때문이 아닐까 생각된다.

불만을 적극적으로 해결하는 현대인
부부는 성을 중심으로 해서 맺어진 관계이기 때문에, 섹스 트러블은 부부관계에 중대한 영향을 미친다. 진료실에 앉아 있으면 성문제로 상담해오는 부부들이 날이 갈수록 늘어만 간다. 옛날에는 혼자 은밀히 찾아왔는데, 지금은 부부가 함께 오는 경우가 많아졌다. 불만을 적극적으로 해결하려 한다.

30대 후반의 중년 여성이 내원했다.

아이들도 모두 학교에 가고 혼자 덩그러니 집에만 있기가 무료해서 소녀시절에 꿈꾸었던 문학공부를 시작했다. 처음엔 글공부에만 전념했으나 시간이 흐를수록 강사에게 마음이 자꾸 끌리기 시작했다. 그렇다고 해서 남편에게 특별한 불만도 없지만, 왠지 보고 싶고 이야기를 나누고픈 마음이 솟아오르면서 하루라도 만나지 않고는 못 견딜 정도가 되었다. 결국 남편과의 관계가 점점 소원해지기 시작하면서 갈등이 일어났다고 한다.

40대 초반의 남자가 아내의 외도로 고민하다가 내원했다.

승용차를 사달라고 졸라서 차를 사주었더니 집에서 살림도 잘하지 않고 밤중에라도 남자에게서 전화만 오면 외출을 하니 어떡하면 좋겠느냐는 것이다. 못 나가게 하면 헤어질 수밖에 없다고 협박을 하니 하도 답답해서 찾아왔다는 것이다.

40대 후반의 K부인은 남편의 외도 때문에 괴로워한다.

오직 남편과 자녀밖에 모르고 가정의 테두리를 한 번도 벗어나지 않았던 부인은, 남편에게 숨겨둔 여자가 있다는 사실에 엄청난 충격을 받았다.

친구들이 '네 남편이 어떤 여자하고 같이 다니더라'는 말을 했을 때 설마 그럴 리가 있을까 생각했으나, 그게 사실이었다는 것이다. 오 년 동안 버젓이 이중생활을 해온 남편을 생각하면 치가 떨리고 배신감에 가슴이 북받친다. 그런데도 남편은 걱정하지 말라면서 한 번도 잘못했다는 말을 하지 않았고, 차라리 이혼이라도 해달라고 하면 이혼은 절대불가라고 하니 금방이라도 미칠 것만 같다는 것이다.

성적 욕구나 관심은 노년에도 여전
30대 초반의 부부가 내원했다. 부인이 먼저 말을 꺼냈다.
"불감증의 원인이 뭡니까? 남편이 조루증이 있으면 불감증이 올 수 있습니까?"
남편은 기죽은 표정이다. 결혼 초부터 한 번도 오르가슴을 느껴보지 못했는데 좋은 수가 없겠느냐는 것이다. 남편도 아내를 만족시켜주지 못한 책임이 자신에게 있다는 죄책감에 사로잡혀 있었다. 아마도 잠자리에서 한 번도 기를 펴보지 못한 남편 같았다.

결혼한 지 오 년쯤 되는 부부가 상담하러 왔다.
남편은 좀 불만스런 태도로 '아내가 병원에 가보자'고 해서 왔다는 것이다. 이유인즉 아내와 성관계할 마음이 전혀 일어나지 않는다는 것이다. 아내를 봐도 여자로 느껴지지 않아 언제나 아내 편에서 요구하고, 마지못해 받아들여 애도 낳았지만 최근 삼 개월 전부터는 아예 방을 따로 쓰고 있다고 아내는 펑펑 운다.

아들 하나 낳고 남편과 사별한 뒤 청상과부로 수절해왔던 65세 할머니가 남자가 그리워서 잠을 이룰 수 없다고 하여, 아직도 스태미나는 끄떡없다는 77세된 홀로 사는 할아버지를 소개해주었다. 여러 차례 밀회를 하는 것을 보고 좋은 일 했다는 생각이 들었다.

한편, 90세된 할아버지가 잘 걷지도 못하면서 86세된 할머니가 문 밖에만 나가면 '서방질하러 나간다'고 하니까 민망해서 살 수 없다고, 환갑이 넘은 아들들이 상담하러 온 경우도 있었다. 노년에도 성적 욕구나 관심은 여전하고, 성생활 또한 가능하다는 말이 실감났다.

성은 부부관계의 종합예술

이상 성상담을 해온 사례를 들어봤는데, 아직도 청소년 중에는 자위행위에 대한 죄책감이나 건강염려가 많고, 결혼을 앞둔 청년들이 발기장애나 조루증에 대한 걱정으로 상담해오는 경우가 많다.

중년 남성들이 발기장애에 대한 고민으로 병원을 찾는 숫자가 제일 많고, 이들의 고민 또한 심각하다. 아내가 바람날까봐 안절부절못하는 것을 보면 측은하다. 흔히 남성들은 발기장애가 생기면 아내를 지배할 능력을 잃었다고 절망한다. 그래서 스태미나에 도움이 된다면 수단과 방법을 가리지 않는다.

여성들은 성의 이중구조 때문에 고통을 받는다. 남편들이 외도를 하고도 죄책감이 없다는 사실에 분노를 느끼고 있다. 20세기 초까지 축첩이 허용되었던 관습의 뿌리가 아직도 남아 있어, 남편들은 기회만 있으면 다른 여자를 넘보기 때문에 '남자들은 모두 늑대'라는 말을 들어도 싸다.

성에 대한 태도는 사회흐름을 그대로 반영한다. 일부 여성들은 성에 대해 진보적인 태도를 가지고 있다. 남편 몰래 다른 남성들과 데이트도 하고, 병원에 올 때마다 춤을 추고 돌아가는 부인도 있다. 물론 신세대들은 성에 대해 비교적 개방적이고 적극적이다.

남성들은 무조건 섹스 하나면 부부문제는 해결되는 것으로 생각한다. 그러나 성이란 종합예술과 같은 것이어서 정서적인 면을 살리지 못하면 향기 없는 꽃과 같다.

다른 집과 비교하는 부부

　부부들의 생활을 면밀히 검토해보면, 그들 부부만의 독특한 결혼형태를 연출해내고 있다는 것을 알 수 있다. 겉으로 보기엔 어울리지 않을 것 같으면서도 의외로 잘 살아가는 부부가 있는가 하면, 행복한 것같이 보이지만 뭔가 조화를 이루지 못하고 있는 부부도 있다.
　결혼이란 무엇인가? 전혀 다른 배경 속에서 자란 남녀가 잘 살아보자는 목적으로 짝을 찾는 것이다. 그런데, 서로 다른 인격체가 지향하는 행복의 개념은 극히 주관적인 것이다. 행복에 이르는 방법 또한 사람마다 다르다.
　그래서, 서로 다른 두 사람의 차이를 극복하기 위한 노력을 일생동안 계속해나가는 것이야말로 부부가 행복해지는 지름길이다. 이러한 노력의 결과는 결혼 전후에 생각했던 것과는 판이하게 달라질 수 있다.

따라서 다른 부부와 비교할 수 없는 그들 부부만의 특성이 빚어진다. 이 특성을 소중히 하고 자랑스럽게 생각할 때, 그 집안의 독특한 장맛이나 김치맛같이, 한 가정의 가풍이 형성되고 그것이 바로 자녀들의 인격이나 가치관으로 이어진다.

그런데, 자신들의 결혼생활을 이웃과 비교하고 다른 친구들과 비교하는 사람들이 의외로 많다. 물론 다른 가정의 좋은 면을 본받을 필요는 있지만, 배우자의 단점을 들추어내는 데 다른 가정과 비교하는 것은 불행으로 치닫는 지름길이고 또한 그 자체가 불행하다는 증거이다.

시원한 배맛과 새콤한 사과맛

'친구 부인은 상냥하고 내조를 잘한다'느니, '이웃집 남편은 가정적이고 자기 아내를 끔찍이 사랑해준다'느니 하는 말들이 결혼생활의 질을 향상시키는 데 무슨 도움이 되는가. 이러한 말들은 그저 서로를 화나게 하고 상처만 줄 뿐, 부부간의 문제를 풀어가는 데 전혀 도움이 되지 않는다.

이들 부부는 배우자에게 바라기만 하지 결코 자신을 내어주기를 거부하고, 자신은 변화하지 않고 오직 배우자가 변화되어주기만을 바랄 뿐이다. 이들은 근본적으로 이해와 양보가 없는 자기중심적인 사람들이다.

이들은 진정한 부부간의 애정을 이해하지 못하고 부부간의 사랑을 나눌 기본적 자세가 되어 있지 않다.

그러면서 어떻게 결혼생활이 행복해지기를 바라는가.

부부문제를 상담해오는 부부를 만날 때마다 느끼는 것이지만, 자신들의 문제를 객관적으로 보는 눈이 흐려져 있다. 우리 둘 사이에 어떤 문제가 있고 이를 해결하기 위해서 어떻게 해야 할 것인가를 현실적으로 직시할 수 있는 안목이 부족하다. 어떻게 하면 우리 부부만의 독특한 삶을 일궈낼 것인가 하는 설계가 되어 있지 않다.

다른 부부와 자신들의 결혼생활을 비교하는 것은 사과맛과 배맛을 비교하는 것과 다를 바 없다. 시원한 배맛과 새콤한 사과맛을 어찌 비교할 수 있단 말인가.

물론 어떤 한 개인이 성격적으로 완전히 다른, 현재의 배우자가 아닌 사람과 결혼을 했다고 가정한다면 그 결혼의 형태는 현재와는 완전히 달라질 수밖에 없다.

역사란 가정이 있을 수 없다고 하지만 결혼 또한 가정이란 있을 수 없다. 내가 그때 다른 사람을 택했다면 지금보다는 더 나을 텐데 하는 생각 자체가 결혼생활의 갈등을 증폭시키고 더욱 어지럽힌다. 오직 이 사람이 나의 잃어버린 짝일 거라는 생각에서부터 출발해야 한다.

특히 다른 부부와 비교하면서 배우자의 단점이나 들추어내고 근본적으로 뜯어고치려 해서는 부부관계는 좋아질 수가 없다. 단점을 보는 순간 어두운 그림자가 나타나고 불행이란 씨앗이 서서히 싹을 트기 시작한다.

결혼은 재미있는 게임
그러므로, 우선 두 사람이 가정을 이룸으로써 서로에게 이로운

점, 장점을 먼저 생각하라. 틀림없이 한두 가지 정도는 도움이 되는 문제들이 있을 것이다. 바로 그 점을 최대로 활용하고 살려나가도록 최선을 다해야 한다.

그렇게 열심히 살다보면, 《여자의 일생》의 주인공이 중얼거렸듯이, 그래도 인생은 혼자 살아온 것보다는 둘이 만나 자식 낳고 의지하며 살았던 것이 더 나았다고 느낄 날이 반드시 한번쯤은 올 것이다. 그런 의미에서 진정한 결혼생활의 평가는 죽음이 두 사람을 갈라놓는 날 내려지고, 그 목적도 마지막 순간에 완성되는 것이 아닐까.

결혼은 혼자 사는 것보다 훨씬 다양한 게임이 있다. 잘만 활용하면 스릴도 있고, 환희도 있고, 만족감 성취감도 맛볼 수 있다. 그러나 꼬리가 길어서 거추장스럽게 느껴지고 내팽개치고 싶은 때가 한두 번이 아니리라.

아무튼, 결혼생활이란 이 세상 끝까지 노력해가는 과정이다. 행복에 이르는 길은 결코 쉽지는 않다. 그러나 조금만 노력하고 양보한다면 부부간의 사랑은 풍선처럼 부풀어올라 당신에게 더 큰 기쁨과 만족감으로 되돌아올 것이다.

오누이 같은 부부

　서로 다른 남녀가 만나 사랑의 감정이 일어나고, 결국 헤어질 수가 없어 결혼한다지만, 살다 보면 결혼 전에는 전혀 예측할 수 없었던 여러 가지 면을 발견하게 된다. 때로는 큰 실망으로, 어느 땐 뿌듯한 마음으로 서로에게 다가오는 배우자의 모습은 결혼 전과는 판이하다.
　대체로 잉꼬부부는 꼭 오누이 같은 느낌을 준다. 누구나 오랫동안 결혼생활을 하다 보면 서로의 표정이나 인상이 비슷하게 변해가는 것을 느낄 수 있다. 기쁠 때 같이 웃고 슬플 때 같이 우는 세월 속에서 감정의 주름이 비슷해졌으리라.
　누구나 경험했겠지만, 신혼 초엔 입맛이 서로 다르지만 서로에게 호기심이 있고 사랑의 감정이 넘치기 때문에 그저 맛이 없어도 맛있게 먹어치운다. 그러다 보면 세월따라 서로의 입맛은 비숫해진다. 입맛을 잘 맞추면 그만큼 동화력이 빠르다는 것을 의미하기 때문에 사이 좋은 부부이다.

젖이 덜 떨어진 아이

그런데, 일생동안 음식이 짜다 싱겁다 반찬투정이나 부리는 남편들이 있고, 아내들 또한 남편 입맛 길들이기에 실패하거나 자신의 입맛조차 잃어버린 경우도 있다.

대체로 남편들의 입맛은 어린 시절 백지에 그림 그리듯, 어머니들이 길들여놓은 것이다. 어머니들은 자신이 좋아하는 것만을 자식에게 먹여 아들을 자신의 입맛과 똑같이 만들어놓았다. 반찬투정하는 남편들은 어머니 입맛을 못 버린, 다시 말하면 젖이 덜 떨어진 아이와 같다.

부부가 서로 일치를 이루기 위한 과정은 이 입맛을 맞춰가는 과정과 똑같다. 부부가 서로 일치를 이루어간다는 사실은 서로 닮아간다는 것을 의미하고, 자기의 반을 버릴 때에만 가능한 것이다. 최소한 삼분의 일이라도 자신을 버리지 않고서는 부부가 하나되기는 어렵다.

대부분 부부갈등은 서로가 자기 자신은 변하지 않겠다는 것에서부터 출발한다. 그러므로 부부관계에서 무엇보다도 중요한 것은 유연성이다. 융통성이 있고 생활자세가 유연하면 쉽게 상대에게 적응할 수 있고 그만큼 갈등의 소지가 줄어든다.

남자와 여자는 차이가 있기에 서로가 필요하게 되었고, 결국 부부가 된 것이다. 문제는 이질적인 요소를 얼마나 잘 극복하고 서로의 가치를 인정해주며 보완할 수 있느냐에 따라 결혼생활의 성공여부는 결정된다.

　부부간의 갈등으로 찾아오는 부부들은 거의 모두가 한결같이 어느 한편이 고집이 세거나 자의식이 강하다는 인상을 준다. 서로가 조금씩만 양보하면 될 텐데 자기 자신을 조금도 굽히려 하지 않는다.

　법적으로 결혼의 의무 네 가지 중에 하나가 서로 협조하는 것이다. 역시 부부관계가 원만히 유지되려면 서로 협조하는 자세가 가장 필요하다. 모든 면에서 서로가 협조만 잘한다면 그 결혼생활은 무조건 성공적이라고 할 수 있다.

　부부관계는 일생을 통해서 성장발전한다. 결혼식을 통해서 부부는 탄생하고 세월의 흐름 속에서 성장과 발전을 거듭하여 결국 사별함으로써 끝을 맺는다. 물론 서로의 일치에 실패하여 중간에 헤어지는 경우도 우리나라 92년도 통계에 의하면 벌써 일곱 쌍 중에 한 쌍이다.

　부부관계는 끝없이 창조적이고 발전적인 방향으로 나아가야 한다. 그러기 위해서는 배우자에 대한 기대와 배려를 저버리지 않게 행동해야 한다. 언제나 신선한 모습을 보여주고 매력을 잃지 않도록 노력해야 한다. 배우자에게 정말 필요하고 소중한 존재가 된다면 당신의 배우자는 함부로 아무렇게나 대하지 않을 것이다.

　사랑은 세월따라 변하게 되어 있다. 부부 또한 예외는 아니다. 문제는 부부라는 공동인격체가 좋은 방향으로 변하느냐 나쁜 쪽으로 변하느냐는 전적으로 부부 공동책임이다. 그래서 부부문제는 언제나 반반의 책임이 있다.

부부는 비위 맞추면서 사는 것

결혼 20~30년 동안 남편의 버릇에 시달리는 아내는 결혼 초에 잘못 대응했던 경우가 많다. 싫으면서도 나중에 좋아지겠지 하는 막연한 기대, 참아버리면 우선 조용하니까 말하지 않고 덮어두었다가 점점 나쁜 쪽으로 버릇이 굳어지고 만다.

부부생활 중에 참기 힘든 일이 벌어지면 이것이 일과성인가 앞으로 장기화될 것인가를 냉정하게 판단하고서, 만약 계속될 가능성이 있는 경우라면 단호하게 대처해야 한다. 차라리 문제가 풀어지지 않으면 헤어지는 것도 불사하겠다는 비장한 각오를 해야 한다. 단 한 번뿐인 인생인데 그저 연습으로 살아갈 수는 없다.

현대인의 결혼생활이란 어떻게 잘 사느냐 하는 삶의 질이 중요하다. 단 하루를 살더라도 사는 것같이 한번 화끈하게 살아봐야 되지 않겠는가. 싸우면서 미운 정 고운 정 다 든다는 말도 있지만, 부부가 서로와 일치를 이루지 못하고 전쟁만 계속하면서 일생을 보낸다는 것은 정말 생지옥과 다를 바 없다.

부부는 그저 비위 맞추면서 사는 것이다. 그러다 보면 큰 바위 얼굴처럼 서로가 닮아 오누이마냥 다정한 부부가 되고, 백발이 성성한 만년엔 그래도 이 사람과 결혼하기를 잘 했다고 웃으며 말할 수 있는 날이 올 것이다.

남성과 여성의 특성은?

 부부가 화합하고 건강하게 살아가기 위해서는 무엇보다도 서로의 차이를 이해하는 것이 중요하다. 여성해방운동가들은 남녀의 차이란 단지 양육방식에서 비롯되었다고 주장하지만, 꼭 그렇지만은 않다고 본다.
 우선 남녀의 가장 현저한 차이는 남자는 애를 낳을 수 없지만 여자는 애를 낳을 수 있다는 사실이다. 아울러 아기를 낳을 수 있는가 없는가 하는 차이는 단순히 신체적인 차이뿐만 아니라 엄청난 심리적인 변화로 이어진다.
 게다가 여성 호르몬인 에스트로겐은 여자를 보다 부드럽고 여성답게 만드는 기능을 한다. 그러나 남성 호르몬인 테스토스테론은 근육을 발달시키고 보다 공격성을 부여한다. 그래서 흉악범들은 테스토스테론이 정상인보다 높은 반면에 동성연애자들은 여성과 비슷한 생리적인 면을 갖는다는 연구결과가 있다.
　어떻거나 성경에도 남녀의 차이를 두고 창조하는 하느님의 역사가 기록되어 있듯이, 생물학적인 면에서부터 기능과 역할의 차이는 분명하다. 또한 부부간에 화합하기 위해서는 서로의 심리적 특성을 이해하는 것이 매우 중요하다.

잔정에 약한 여성

여성은 남성보다는 직관력이나 영감이 뛰어나다. 어떤 부인은 남편이 외도를 하고 들어온 날에는 일찍 들어오거나 늦게 들어오든지 간에, 바라보는 순간 외도여부를 확실히 알 수 있다는 것이다. 뭐라 말할 수 없지만 남편의 모습에서 그것을 느낀다는 것이다.
　아무리 완벽하게 자신의 행동을 숨기려 해도 들통이 나고마는 남편은 하는 수 없이 이실직고하고 행동을 자제하는 남편으로 되돌아갈 수밖에 없다는 것이다.
　여성은 잔정에 약하지만 남성은 큰정만을 생각하는 경향이 있다. 아이스크림 하나 사들고 들어오는 남편, 꽃 한 송이 사들고 빙긋이 웃고 들어오는 남편의 모습에 아내는 기뻐 어찌할 줄 모른다.
　그러나 대부분 남편들은 아내의 그러한 마음을 자세히 모른다. 그저 졸장부들이나 하는 하찮고 치사한 행동으로 치부해버린다. 나중에 돈많이 벌어 큰집 사주고 좋은 옷 해주면 되는 거지 째째하게 꽃 한 송이가 뭐냐고 말이다. 그러나 그 작은 정에 감동하여 눈물까지 흘릴 수 있는 사람이 바로 여성이다.

질그릇과 쇠그릇의 차이

여성은 인정받기를 더 원한다. 이러한 면은 사회성이 크게 작용했으리라 생각되지만, 아무튼 여성들은 칭찬해주고 인정받으면 그렇게 좋아할 수가 없다. 찬사를 싫어하는 여성은 한 사람도 없다 할 정도로 남성보다 더 칭찬에 약하다

여성은 무드에 약하다. 그러지 않겠다고 굳게 다짐하고 있다가도 분위기가 그럴 듯하면 금방 마음이 녹아내리고 그 분위기에 젖어들고 만다. 여성은 청각적인 자극에 감정이 쉽게 일지만 남성은 시각적인 면에 더 쏠린다. 달콤한 밀어에, 아름다운 음악에 여성의 기분은 더욱 상승한다.

그러나 남성은 여성들의 멋진 외모에 마음이 더 끌리고 눈으로 바라봄으로써 자극이 더 일어난다. 여성은 정서적인 자극이 뒷받침되어야 성적인 욕구가 일어나지만, 남성들은 즉흥적이고 충동적이다. 그래서 여성의 성적인 패턴은 질그릇과 같고 남성들은 마치 쇠가 달아오르듯 한다고 하여 쇠그릇 같다고 하였다.

여성은 남성보다는 비교적 합리적이지 못하고 감정적이다. 그래서 어느 땐 여성의 행동이 남성보다도 더 폭발적이고 더 과감할 수도 있다. 그것은 좌측 뇌가 더 발달한 남성들은 이성적인 면이 두드러지고 여성은 우측 뇌의 발달이 뛰어나 더 감정적이라는 이론적 뒷받침이 있다.

남성들은 수학적인 두뇌가 발달되어 있고, 여성들은 음악적인 두뇌가 더 발달되어 있다는 주장도 좌우 뇌반구의 기능적 특성을 가지고 설명이 가능하다.

이러한 여러 가지 남녀간의 차이와 특성을 서로 이해하고 존중할 때, 남녀간의 차이라는 창조적 모순을 극복하고 기능과 역할에서의 차이를 서로 보완하여 반쪽끼리 만나 더 완전해지는 완성된 부부가 되어, 잃어버린 반쪽을 찾은 데서 오는 기쁨을 맛볼 수 있다.

중년 부부들

　중년기를 맞은 부부들은 최소한 십 년 이상 결혼생활을 한 사람들로서, 미운 정, 고운 정이 동시에 들어 있을 시기이다.
　대체로 중년 남편들은 신혼 초의 관계를 그대로 유지하려고 하고 아내들 편에서는 변화를 추구하고 희생과 봉사, 그리고 인내만 하던 생활에서 벗어나고 싶어한다.
　중년 남편들은 사회적으로 할 일이 많아지고 아주 바쁜 시기이지만, 상대적으로 아내들은 자녀들을 어느 정도 키워놓고 남아도는 시간을 주체할 수 없어 고민한다.
　그러한 아내의 마음을 알아주는 남편들은 보다 나은 부부관계를 새로 정립해나가지만, 아내의 입장을 고려하지 않는 남편들은 갈등이 일어난다.

정신적 육체적 갈등기

　권력이란 타인을 복종시키거나 통제할 수 있는 힘을 말하는데, 가정도 사회이기 때문에 권력관계가 성립된다. 중년 남편들은 여성들처럼 부드럽고 친밀한 면이 커지는 반면 아내들은 공격적이고 진취적인 면이 나타나 남편들과 부딪치게 되는데, 권력관계의 측면에서 보면 남편들은 축소되고 아내들은 더욱 확대되어 새로운 협상을 통한 재조명이 필요한 시기이다. 젊었을 때 아내를 꼼짝 못하게 하던 남편들도 중년기에 접어들면 슬그머니 아내에게 져주는 것을 주위에서 얼마든지 볼 수 있다.

　그러나, 중년기에 이혼하는 부부들은 신혼기부터 해결되지 않은 문제를 묻어두고 살아오다가 애들의 양육이 끝나는 중년기에 표출되는 경우가 대부분이다. 특히 참아만 오던 아내들 편에서 불평등을 따지고 더 이상 참고는 못 살겠다는 인내의 한계가 가정파탄으로 치닫는다.

　중년 부부들은 보다 친밀하고 대등한 위치에서 남녀관계가 이루어질 수 있다. 자녀들이 모두 성장하여 집을 떠나고 제2의 신혼기처럼 완숙한 상태에서 서로가 새로운 모습을 발견하고 곰삭은 애정을 나눌 수 있다.

　서로의 관계가 원만하면 젊은 시절 고생했던 시절도 아름다운 추억으로 회상되지만, 마음의 갈등이 있으면 힘들게 살아왔던 지난 날이 후회되고 억울하게 느껴진다.

　중년 부부들은 성적 불일치와 갈등이 흔하다. 10대 초에는 남성이나 여성 모두가 성행동에 있어서 다같이 충동적인 경향을 나타낸다. 그러나 40세 경에는 성적인 욕구에서 가장 많은 차이를 나타내는데, 남성은 30대 이후에 점점 성적인 욕구나 스태미나가 떨어지는 반면에 여성은 일생 중에서 최고로 활발한 성적 욕구를 가지는 시기이기 때문이다. 그래서 남편들은 자신의 저하된 성기능을 다른 곳에서 시험하고 싶은 욕구가 생길 수도 있고, 아내들은 불만족으로 탈선할 수도 있다.

폐경기 와도 성적욕구 변함없어

그러므로 이 시기에는 부부가 너무 육체지향적인 생활보다는 정신적인 면에 비중을 두어서 성적 불일치를 극복해나가는 것이 현명하다. 노화과정에 있는 자신을 솔직히 받아들이지 않고 감정식으로만 대응하려는 중년 남성들은 큰 심리적인 부담을 안게 된다. 그러나 이러한 성적 불일치도 60세 경에는 저절로 해결된다.

여성들의 경우 폐경을 맞으면 성적인 욕구마저 사라지는 것으로 잘못 생각하는 남성들이 있으나, 사실과는 다르다. 임신은 할 수 없지만, 성적인 욕구나 기능은 변함없고 오히려 부담없는 성생활을 즐길 수 있다.

남성들은 갱년기 자체가 뚜렷하지 않고 점진적으로 진행되면서 수태력은 평생 지속한다. 김일성이 75세에 젊은 여자한테서 딸을 낳았다는 보도가 있었는데 충분히 있을 수 있다.

옛날에 어느 노인이 70세에 젊은 부인을 얻어 아들을 낳자 주위 사람들이 수근거리기 시작했다. 칠십 노인이 어떻게 애를 만들 수 있었겠느냐고. 노인은 아무 변명도 하지 않은 채 묵묵히 젊은 부인을 사랑했다.

어느 날 노인은 '七十生子 不生子'란 글 한 줄을 남긴 채 세상을 떴다. 이 사실이 알려지자 친척들이 들고 일어나서 젊은 부인을 부정한 여자로 몰았다. '70세에 낳은 아들은 生子가 아니다'라는 것이다.

부인은 결백을 증명할 방법이 없었다. 세월은 흘러 젊은 부인의 귀밑머리가 희끗희끗해졌을 때, 장성한 아들에게 그 글을 내보이며 억울함을 하소연했다. 어머니의 말을 들은 아들은 친척들이 보는 앞에서 '70세에 낳은 아들이 어찌 生子가 아닐소냐'라고 풀이하였다. 자신의 출생에 대한 해명을 명쾌하게 해낸 것이다.

옛날에는 중년 부부의 결혼 만족도는 대체로 떨어지는 것으로 알려져 왔으나, 요즘엔 부부가 서로 어떻게 대응하느냐에 따라서 더 은은한 애정을 맛볼 수 있다고 주장하는 학자들이 있다.

신혼기에는 짜릿한 기쁨이 있지만 서로가 오랜 세월 동안 얻어진 지혜로 화롯불 같은 사랑을 나눌 수 있다. 결혼 만족도가 높은 중년 부부들은 역시 사회 경제적으로 수준이 높고 사회활동에 적극적으로 참여하면서 폭넓은 대인관계를 유지하고, 확고한 자기 인생관을 가지고 삶의 의미를 되새기며 열심히 살아간다.

중년기를 성공적으로 보낸 부부들은 '서로 만나 후회없이 살았다'고 회상할 것임에 틀림없다.

칭찬을 아끼지 않는 부부

 사람의 일생이란 수많은 사람과의 만남과 헤어짐의 연속이다. 그 중에서도 부모와 자녀, 부부간의 만남을 근간으로 하는 인간관계란 '달걀이 먼저냐 닭이 먼저냐' 하는 문제와 같이 서로 맞물려 있다. 그러나 새로운 생명을 탄생시킬 수 있는 부부간의 관계가 먼저 있었기에 부모자녀관계가 이차적으로 생기지 않았을까?
 한 인간이 이 세상에 태어나기까지는 몇십 억이란 엄청난 확률을 뚫고 나왔고, 그 수많은 사람들 중에서도 한 남자와 여자가 부부가 되어 동고동락한다는 사실 자체는 특별한 인연이 아니라면 불가능한 일이다.
 행여라도, '이 세상에 남자가 너 혼자뿐인 줄 아느냐' '너 말고도 세상엔 온통 여자뿐이다'라고 한 순간이라도 생각했던 부부가 있다면, 그것은 우주의 자연법칙을 너무 가볍게 보는 데서 나온 생각인 것이다.

중년 부부에겐 곰삭은 깊은 맛이

 억겁의 시간 속에 반짝 하는 것이 사람의 일생일진대, 부부가 된다는 것이 어디 그게 간단히 인간의 힘으로 되겠는가. 마치 열병을 앓고 신들린 사람들처럼 서로의 매력에 끌리는 남녀를 보면 당사자가 아니고서는 도저히 서로의 감정을 이해할 수가 없다. 사랑의 불이 당겨진 남녀는 주위의 눈길에 아랑곳하지 않는다. 불타는 마음으로 오직 하나가 되려는 황홀감의 추구야말로 새로운 생명을 탄생시키려는 조물주의 강력한 의지가 개입되어 있을 뿐이다.

 그러나 남녀관계는 지극히 유동적이라는 데 문제가 있다. 연애할 때와 결혼한 뒤에는 또 다른 형태의 관계로 변한다. 서로의 매력이 사라지고 나면 마치 식어버린 돌처럼 차갑게 느껴진다. 아기가 하나였을 때와 둘일 때 각각 그 분위기가 달라지고, 20대냐 30대냐에 따라 부부관계는 차이가 날 수밖에 없다.

 변함없는 상태 그 자체는 생명력을 잃고 만다. 항상 고여 있는 물은 썩고 말 듯이, 부부관계에서는 언제나 변함없는 단조로운 태도에 그만 특별한 불만이 없는데도 권태라는 무서운 병이 엄습하여 서로의 매력을 모두 빼앗아간다.

 그러므로 세월따라 부부사랑도 달라져야 한다. 신혼 때는 신혼의 뜨거움이 있고 중년에는 곰삭은 깊은 맛이 있는 법이다. 부부란 함께 울고 웃는 세월 속에서 미운 정 고운 정까지도 다 들어야 진짜 부부가 된다. 정말 나에게 필요한 사람, 없어서는 안 될 소중한 사람이 됐을 때 부부는 하나가 되고 부부일치의 기쁨을 맛볼 수 있다.

94년 5월 통계청의 발표에 의하면, 92년도 우리나라 이혼수는 지난 20년 동안 4.8배 증가하여 혼인 일곱 쌍마다 한 쌍 꼴로 이혼했다. 결혼 오 년 미만 부부들의 이혼율이 전체 36.3퍼센트를 차지하고 특히 그 중에서도 이 년 미만 신혼부부들이 대부분이라고 한다. 빨리 달아오르고 쉽게 식어버리는 소위 냄비사랑은 결혼생활 자체에 그만큼 진보적인 사고가 확산되었음을 의미한다.

이들의 이혼사유는 주로 성격차이다. 성장배경이 다르고 남녀차이가 분명한 데 어찌 성격이 똑같을 수 있겠는가? 자석이 같은 극을 밀어내고 서로 다른 극을 끌어당기듯, 남자와 여자는 차이가 있기 때문에 서로에게 끌리게 되고 필요를 느끼며 결국 서로의 부족함을 채워 보다 완전해지기 위해서 결혼하게 된 것이다. 결국 남녀차이라는 것이 결코 서로의 우열을 가리는 기준이 되어서는 안 되고, 바로 이 차이야말로 요철(凹凸)과 같이 서로 보완적인 관계를 형성하는 데 없어서는 안 될 가장 핵심적인 요소이다.

남성의 본질을 이해하고 여성의 속성을 아는 일이야말로 원만한 부부관계를 유지하는 데 필수적이다.

칭찬같이 좋은 약은 없다
남남이 만나 새로운 인간관계를 이루는 부부관계는 상호 신뢰를 바탕으로 한 포옹력이 발휘될 때 지극히 높은 사랑의 경지에 다다를 수 있다.

배우자의 모든 것을 감싸고 나의 분신과 같이 소중히 여긴다는 것은 이해가 없이는 어렵다. 서로의 입장을 잘 이해하지 않으려 할 때, 극히 사소한 문제가 발단이 되어 부부싸움으로 이어지고 결국 큰 상처를 입어 치유할 수 없는 단계에 이른다.

세월은 저절로 흘러가게 되어 있다. 지난 날 아픈 가슴일랑 세월 속에 띄워보내고, 신혼의 달콤했던 날들을 회상하면서 서로가 살포시 손을 잡고서 체온을 느껴보라.

배우자는 서로가 인정받고 싶어한다. 상대방이 '나를 필요로 하는구나' 하고 확인될 때 활력을 얻고 행복감에 젖는다. 그러므로 서로를 인정하면서 배우자의 장점만을 보도록 노력해야 한다. 결점만을 보는 부부가 있다면 불화는 끝없이 이어지고 파경에 이르고 만다.

부부관계를 향상시키는 데는 뭐니뭐니해도 칭찬같이 좋은 약이 없다. 금슬좋은 부부는 서로의 장점만을 보면서 칭찬을 아끼지 않는 부부들이다.

남편들이여! 찬사를 싫어하는 아내는 이 세상에 한 명도 없음을 알지어다. 아낌없이 주는 나무처럼 대가 없이 찬사를 보내라. 이것이야말로 서로가 영원히 매력을 잃지 않고 퍼내면 퍼낼수록 더욱 맑아지는 샘물처럼 더 높은 경지의 끝없는 부부사랑에 이르는 길이다.

부부사랑의 뿌리는

'육체적 안락감이 정신적 무력감을 낳았다'고 현대 서구문명을 통렬하게 비판했던 에리히 프롬이라는 학자는 인간의 기본적인 사랑형태를 네 가지로 분류하였는데, 신과의 사랑, 부모자녀간의 사랑, 형제간의 사랑, 남녀간의 사랑이 바로 그것이다. 이와같은 사랑의 형태 중 가장 고귀한 것은 신과의 사랑이고, 남녀간의 사랑이란 가장 강렬하면서 파괴적인 속성을 지닌 사랑이라고 말하였다.

부부사랑의 본질은 대체 무엇일까? 인간은 유아시절엔 그저 부모로부터 사랑을 받기만 하면서 자라다가, 점점 주고받는 사랑을 배우게 된다. 부모에게 인정받고 칭찬받기 위해서 부단한 노력을 하는 가운데 사랑할 수 있는 능력이 길러진다.

어린 시절 형제자매간은 서로 경쟁하는 관계이다. 부모의 사랑을 독차지하기 위해서 막 태어난 동생을 미워하며 입을 틀어막고 쥐어뜯기도 하면서 강한 질투를 나타낸다. 때로는 부모, 특히 어머니의 사랑을 그대로 자신에게 묶어두기 위해서 야뇨증이 나타나거나 음식을 먹지 않는 등 퇴행현상을 일으키기도 한다.

그러나, 부모의 설득과 중재로 형제자매간의 우호적인 관계를 받아들이게 되고, 이러한 형제애가 이웃을 사랑하는 마음으로 발전한다.

종족보존의 본능이 부부사랑의 근본

신과의 사랑은 부모와의 사랑이 발전하여 최고의 수준으로 승화된 상태라고 볼 수 있다.

남녀간의 사랑은 모든 사랑의 출발점이며, 신적인 사랑과 동물적인 사랑의 속성을 동시에 지니고 있다. 육체적인 면에 기반을 둔 부부간의 사랑은 쾌락 원칙에 따르지만, 아울러 새생명을 탄생시키려는 조물주의 창조의지가 담겨져 있다.

자신을 영원히 살아남게 하는 종족보존의 본능이 부부사랑의 근본을 이루고 있다. 모든 인간의 사랑은 정신적인 면 하나면 족하지만, 부부간의 사랑은 육체적인 만족감이 동시에 충족되지 않으면 안 된다. 부부사랑은 육체와 정신이 혼합된 사랑의 형태이기 때문에 더욱 복잡하다.

곰곰이 생각해보면, 남성과 여성이 만나 하나의 부부로 살아가는 것은 어린 시절 경험했던 부모형제자매간의 관계에서 비롯된다는 사실을 알게 될 것이다. 남성들은 여성들에게서 어머니와 누나 또는 누이의 모습을 발견하게 될 때 이성으로서의 호감을 갖게 되고, 여성들 또한 부녀간의 관계나 오누이 같은 사랑을 은연중에 남성들에게 찾게 된다.

남녀가 처음 만나 '반한다'는 심리적 상태가 나타나는 것도 바로 어린 시절 가족관계에서 좋은 인상으로 무의식 속에 남아 있던 기억들이 상대방을 바라봄으로써 순간적으로 투영되어 나타나는 현상이다. 이러한 현상을 심리학적으로는 '전이현상'이라고 하는데, 그것은 말하자면 하나의 선입관이다.

천생연분이란 꾸며낸 말

연애결혼한 신혼부부들이 부부간의 갈등이나 성격차이로 찾아와서는 '연애시절엔 그리 좋게만 느껴졌는데, 막상 한솥에 밥해 먹고 한이불 속에서 잠자보니까 전혀 다른 면, 싫은 면을 보고 실망했다'는 것이다.

도저히 한집에 같이 살 수 없을 만큼 딴판인 사람을 사랑했다는 사실 그 자체가 꼭 무엇에 홀린 것 같다는 것이다.

바로 그게 남녀간의 사랑이다. 부모형제간의 사랑은 뗄래야 뗄 수 없는 그야말로 혈연으로 맺어진 사랑이지만, 남녀간의 사랑이란 우연한 만남에서부터 시작되어 밀고 당기고 줄다리기 하면서 상황에 따라 쉽사리 그 형태가 변화되는, 그리고 감정에 의해서 결정되는 유동적이고 변화무쌍한 사랑이다. 그야말로 매력이 없어지든지 그 조건이 달라지면 사랑이 시들고 마는 조건부 사랑이다.

천생연분이란 그저 꾸며낸 말일 뿐, 부부사랑은 언제나 변질될 가능성을 가지고 있기 때문에 파괴적인 사랑의 형태라고 말했으리라. 그러므로, 부부는 영원한 타인일 수밖에 없다는 인식을 가질 때, 오히려 보다 객관적이고 현실적인 부부관계를 유지할 수 있을 것이다.

내가 배우자에게 매력을 주지 못하고 배우자가 나를 필요로 하지 않는다면, 남보다도 더 못한 것이 부부간의 관계이다. 항상 기대가 크기 때문에 실망 또한 크다. 바라는 것이 많기에 섭섭한 마음이 생기는 법이다. 내가 바라기 전에 배우자에게 필요한 사람이 되어보라. 배우자가 없으면 내가 더 손해라는 인식이 서로에게 있다면, 일단 그 부부는 성공적인 결혼생활을 하고 있다는 증거이다.

부부는 같이 살아감으로 해서 서로가 이익이 되고 필요한 관계이면서 도움을 주는 사이여야 한다. 서로에게 피해만 주는 부부라면 차라리 헤어지는 편이 낫다. 성장배경이 다른 이성끼리 만나 부부관계를 지속하는 것은 혼자 사는 것보다는 더 나은 면이 있기 때문일 것이다. 자식 때문이든, 경제적 이유이든, 당장 헤어지지 못하는 이유가 있다면 살 만한 가치가 충분히 있는 부부이다. 부부는 사랑하기 위해서만이 아니라, 자기 자신을 보호하기 위해서도 결혼하기 때문이다.

자녀의 성차별

　몇 년 전 인기리에 방영됐던 《아들과 딸》이라는 TV드라마가 있었다.
　우리나라 가정의 뿌리깊은 가부장제에서 비롯된, 남존여비사상을 극화시킨 내용으로 60년, 70년대 생활상을 생생하게 묘사한, 중년 세대들로 하여금 향수를 느끼게 한 인기프로였다.
　이란성 쌍생아로 먼저 태어났건만 여자이기에 천덕꾸러기가 될 수밖에 없었던 딸 후남이와, 이름처럼 귀하게 대접받으며 자라는 귀남이를 대비시킴으로써, 특히 남아선호사상이 여성들에게서 뿌리깊다는 사실을 보여주었다.
　이 땅에 여자로 태어나 받은 핍박을 아들을 통해서 보상받으려는 의식적 무의식적인 어머니의 행동을 보면서 안타까운 심정이었다.

뿌리깊은 남아선호사상

전통과 문화는 그리 쉽게 변하지 않는다.

산업사회에 살고 있는 90년대에도 대를 이으려는 아들 낳기는, 다소 수그러들기는 하였지만, 여전히 계속되고 있어 우리나라엔 현재 아들이 훨씬 많다.

원래 유전학적으로는 여아 백 명당 남아 백여섯 명이 태어나게 되어 있다. 남아는 모든 질병에 잘 걸리고 사망률이 높기 때문에 더 많이 태어나는 것이 아닌가 생각된다. 게다가 요즘엔 의학이 발달하여 영아 사망률이 크게 감소함으로 인해서 조물주의 의도대로 태어난다고 해도 남자가 더 많을 판이다.

보사부가 94년도에 국회에 제출한 결혼적령인구 성비변화자료에 의하면 앞으로 오 년 후인 99년에는 총각 여섯 명 중 한 명이 제짝을 구하기 힘들게 되었다고 하니 큰 사회문제가 아닐 수 없다.

이렇게 되면, 앞으로 20년 후엔 신부감이 없는 노총각들이 거리를 방황할 것이 뻔하다.

그렇지 않아도 벌써 농어촌에는 장가 못 간 노총각들이 즐비한데, 여기에 가세하여 아들을 많이 낳아놓았으니, 이 문제를 어떻게 풀어나가야 할지 그저 답답하다. 동물의 세계처럼 짝짓기를 위해서 결투를 하든지, 전쟁을 하게 될지도 모른다.

설마 우리 집 아들이 짝 없어 장가 못 들겠느냐고 남의 일같이 안이하게 생각하는 사람들이 있다면 큰코 다치고 말 것이다.

우리나라 부모들의 자식에 대한 집착은 세계에서 제일이다. 지나치다고 할 정도로 교육열 또한 높다.

작년에 터진 입시 부정을 보면 단순히 돈 많고 권력있는 사람들의 행위로만 볼 수 없는, 그 밑바닥에 흐르는 자녀에 대한 집착이 가진 자나 못 가진 자나 모두 똑같다. 없는 자는 단지 기회가 주어지지 않았을 뿐 자녀를 공부시켜 출세시키려는 마음은 매한가지다.

그러나 시대는 바뀌고 있다.

핵가족의 형태가 70퍼센트를 차지하는 요즘엔 부모를 모시지 않으려는 젊은 부부들이 늘어만 가고 있다.

핵가족이란 부부사랑이 중심이 된 가족형태로서 모든 의사결정이 부부로부터 나오기 때문에, 부모가 같이 살더라도 더부살이하는 꼴이 되고 만다. 이러한 주제 파악을 못 하고 며느리를 나무라는 시어머니라면 찬밥신세되기 딱 알맞다.

우리 집 딸들의 차별대우

지금까지 한 번도 불만은 토로하지 않던 딸 후남이가 어머니에게 정면으로 대들었다.

작가의 의도였겠지만, 후남이가 한번 대들어주었으면 하고 시청자들이 기다리고 있었는데, 드디어 불만이 터지고 말았다.

드라마가 끝나고 옆에 앉아 있던 두 딸에게 물었던 기억이 난다.

"우리 집 딸들은 차별대우는 받지 않았지? 어디 있으면 말해보렴" 하고 그저 대수롭지 않게 말했다.

그러자, "있어요" 하고 중학교 3학년생인 둘째딸이 말했다.

나는 속으로 깜짝 놀랐다. '별로 기억나는 것이 없는데…….

그렇지만 섭섭한 점이 있었다면 이때 풀어야지' 생각했다.
"국민학교 때 엄마 아빠가 언니한테만 피아노를 쳐달라고 했잖아요" 하며 눈물을 글썽거렸다.
성차별은 아니었지만, 피아노를 더 잘 치던 언니 때문에 인정받지 못한 섭섭함을 이제야 털어놓는다.
"그래, 아빠가 미안하다. 네가 그렇게 섭섭하게 생각하는 줄 몰랐다"라고 말하면서 꼭 안아주었다.
이번엔 고2짜리 큰딸에게 물었다.
"너도 섭섭한 점이 있니?"
그제서야 큰딸은 지금까지 한 번도 내비치지 않던 가슴 아픈 상처를 내보였다. 큰딸은 개성이 강하다. 어렸을 때부터 자신이 싫은 것은 절대로 하지 않는 성격이다. 그런 딸이 쓸데없는 고집을 부리는 것으로 알고 억지로 기를 꺾으려 했던 적이 있다.
그런데, 중학교2, 3학년 때부터 점점 고분고분하고 얌전한 딸아이로 변하고 공부도 열심히 해서 대견스럽게 생각하고 있는 터였다.
"저는 그때 내 생각이 옳다고 느꼈는데, 엄마 아빠가 나무라실 때는 정말 괴로웠어요."
큰딸은 콩알보다 더 큰 눈물을 마구 쏟아냈다.
나는 가슴이 아팠다. 미안하고 죄스러운 마음까지 들었다. '부모는 자식을 잘 키우려 했건만 이렇게 상처를 줄 수 있구나' 하고 자신을 반성했다.
모처럼 딸들과 화해하고 속엣말을 하고 나니 마음이 후련했다.

부부여 노래를 불러라

 우리나라 사람들은 참 노래를 좋아한다. 일본 가수들이 말하기를 한국사람들은 전부 가수라고 할 정도로 노래실력도 다른 민족에 비해 뛰어나다.
 세계에서 가곡이 있는 나라는 이탈리아, 독일, 한국뿐이라는 것도 우연의 일치만은 아니고, 최근 노래방이 호황을 누리는 것도 일시적인 현상만은 아닐 것이다. 주부가요열창이 그렇게 인기를 끌고, 출연하는 주부들의 노래솜씨 또한 뛰어나지 않았던가.
 중국 연변에 갔을 때, 교포들의 무도회에 초대받은 적이 있다. 무도회라는 말이 약간 거창하고 생소했지만, 술은 일체 마시지 않고 남녀가 한데 어울려서 노래하고 춤추는 파티였다. 교포 여성들이 모두 의사와 간호사들인데도 어찌나 노래를 잘하고 춤을 잘 추던지 기가 죽을 정도였다. 리듬이 경쾌하고 율동적이어서 저절로 흥이 났다. '어떻게 이렇게 가무가 뛰어나냐'고 물었더니 '매주 토요일에 노래와 춤을 연습한다'고 했다.

아무튼 중국의 교포들은 모였다 하면 노래하고 춤을 춘다. 잔칫집에서는 두말할 것도 없고, 거리에서도 음식점에서도 두세 사람 이상만 모이면 노랫가락이 흘러나온다. 그래서 옛부터 한족(漢族)들이 조선족들은 노래하고 춤추기 좋아하는 민족이라고 했단다.

태교나 치료에도 음악요법

음악같이 좋은 것이 없다. 요즘엔 태교도 음악으로, 정신과 환자 치료에도 음악요법이 적용되고 있어 인간의 건강과 정신상태를 음악으로 개선하려는 시도가 활발히 진행되고 있다. 그래서 일찍이 시인 카알라일은 '음악은 천사의 음성'이라고 하지 않았던가.

노래를 부르면 엔돌핀이라는 신경 호르몬이 많이 나와 기분이 상쾌해지고 아픈 곳이 깨끗이 사라진다고 주장하는 학자들도 있다. 실제로 머리가 아플 때 노래를 부르고 나면 두통이 사라지고 우울한 기분이 없어지는 게 사실이다.

부부가 동일한 취미생활을 하기란 그리 쉽지 않다. 남성과 여성의 기호가 다른데다, 생활하는 공간이나 시간이 따로따로여서 제각기 취미생활하기는 쉬워도 막상 부부가 동시에 할 수 있는 취미생활을 찾기란 여간 어려운 게 아니다.

그런데, 부부화합을 위해서는 부부가 함께 노래하는 것만큼 좋은 방법이 없다. 주부들은 비교적 시간이 많으니까 남편들이 일 주일에 한 번쯤만 시간을 내어준다면 얼마든지 부부합창단을 이끌어갈 수가 있다.
  시작하기 전에는 어려울 것 같은데, 적극적으로 참여하는 몇 부부만 있고 노래를 지도해줄 지휘자만 확보된다면 생각보다 쉽게 부부합창단을 만들 수 있다.
  이 곳 광주 부부합창단이 창단된 지는 약 일 년 정도 되었는데, 지난 연말에 가족들과 함께 '제1회 가족의 밤'을 가졌다. 현재 스물두 쌍이고 매주 월요일 오후 여덟시부터 열시까지 두 시간 동안 클래식과 팝을 반반쯤 하고 있다. 월요일로 시간을 정한 것은 남편들의 참여도를 높이기 위해서이다. 연령층도 20대에서 50대 부부까지 다양하고 직업 또한 각양각색이다.
  그런데 막상 부부합창단을 운영해보니까 다른 합창단과는 다른 문제점이 있었다. 우선 젊은 부부들이 참여하는 데 어려움을 생각할 수 있다. 애가 없는 신혼부부들은 괜찮은데, 애가 어릴 땐 저녁시간에 아이를 맡기고 나오기가 힘이 든다. 그리고 남편들의 참여도 문제이다. 대개 중년 남성들이 많기 때문에 시간에 쫓긴다. 남편만 하루종일 기다리고 있는 아내를 위해서 일 주일에 하루저녁쯤 시간 내주는 게 뭐 그리 대단하냐고 생각하는 아내들이 있을지 몰라도, 실제로 낮 동안 힘들게 일하고 피곤한 상태라 남편들에겐 부담이 된다. 게다가 일이 잘 안 풀려 어려운 상황에 있으면 더욱 힘들다.

부부싸움도 금방 화해
  그런데 이상하게도 쓰러질 것같이 피곤한 상태인데도 합창연습을 하고 돌아설 때는 정말 힘이 솟아난다.

또 하나 문제점은 부부가 동시에 노래에 취미나 관심이 있느냐 이다. 아내는 노래를 좋아하는데 남편은 취미가 없든가 또 그 반대인 경우도 있다.

그러나, 노래를 어느 정도 좋아만 한다면 쉽게 적응이 되고, 역시 노래는 많이 부르다 보면 늘게 되어 있다. 우리 합창단에서도 제일 나이 많은 단원이 처음엔 발성이 형편없더니 일 년이 지난 지금은 놀랍도록 좋아졌다.

소질보다 중요한 것은 참여하려는 의욕이다. 부부 중 합창에 더 적극적인 편에서 자꾸 끌어들이고 서비스도 잘 해준다면 그 자체가 부부사랑이고, 부부사랑은 더욱더 두터워질 것이다. 부부 싸움한 날에도 합창단에 참석하고 돌아가는 길엔 화가 풀려 금방 화해가 되는 것을 경험할 수 있을 것이다.

요즘은 가족단위 여가선용이 많이 확산되고 있는 추세지만, 아직도 부부가 동시에 즐길 수 있는 여가활동이 별로 없는 실정이다. 우선 작은 규모라도 동호인들끼리 모여서 부부합창단을 이끌어가다 보면 아름다운 화음을 엮어가듯이 부부화합도 이루어지고 자녀들 정서교육에도 좋을 것이다.

중동마을 산수유 같은 부부들

　여행을 좋아하는 나는 주말이면 언제나 야외로 나간다. 그러나, 작년 겨울엔 웬일인지 일요일마다 비가 내리거나 눈발이 날려 주말여행을 거의 즐기지 못했다.
　마침 달력을 보니 2월 마지막 주에 황금연휴가 있어 남해 쪽으로 여행을 떠나야지 벼르고 있었는데, 난데없이 강풍이 불고 봄을 시샘하는 폭설이 내렸다. 오랜만에 남쪽 바닷가로 가려 했던 나의 꿈은 그만 산산이 부서지고 말았다. 온종일 창밖으로 흩날리는 눈발을 바라보면서 하루가 그렇게도 지루할 수가 없었고, 아내 또한 나보다 더 짜증을 부렸다.
　우리 부부는 언제나 2월 하순이면 해남 땅끝이나 완도 아니면 남해 등지를 찾아간다.
　봄기운이 완연한 바닷공기를 흠뻑 들이마셨다가 힘껏 내뿜으면 한겨울의 찌꺼기가 말끔히 사라진다. 온몸에 생기가 돌고 기분이 날아갈 듯 상쾌해진다.

　바닷가를 다녀온 뒤 보름 정도 지나면 산수유가 꽃망울을 터뜨리기 시작한다. 대개 3월 중순이면 구례군 산동면 중동마을에 산수유가 꽃천지를 이루는데, 그야말로 〈나의 살던 고향〉에서 나오는 꽃피는 산골같이, 한 폭의 수채화처럼 온 마을이 노란색으로 뒤덮인다.

　마을 한가운데로 흐르는 거울같이 맑은 개울물을 따라 올라가면 인적이 드물고 양지바른 냇가에 이른다. 여기에 모여든 사람들은 모두 동심의 세계로 돌아가 장소를 바꿔가며 사진을 찍기도 하고 더러는 노래를 부르기도 하면서 세상만사 근심걱정 모두 잊어버리고 그야말로 망중한을 즐긴다.

　작년까지만 해도 두세 부부가 갔었는데, 올해는 아예 구바떼(雲岩會를 한글로 풀어쓰면 구름과 바위들의 떼거리가 되는데 그 첫글자에서 따온 약칭)라는 부부모임에서 3월 셋째주 일요일에 중동마을을 가기로 하였다.

　벌써부터 마음이 설레인다.

　내가 사랑하는 섬진강변을 따라 드라이브하는 것도 그만이지만, 맘에 맞는 친구들과 쌍쌍이 하루를 보낸다는 것 자체가 그저 행복하기만 하다.

　우리 여섯 부부는 근 십 년을 운암동에서 살았다. 밤새워가며 수많은 이야기를 나눴기에 우리는 서로를 너무도 잘 안다. 기쁠 때도 슬플 때도 만났다. 이산 저산을 오르내리기도 하고 수없이 여행을 하기도 했다.

때로는 온 가족이 어울리기도 한다. 지난 대보름날엔 낙안읍성에서 아이들과 같이 성밟기와 달맞이를 했다. 다같이 신나게 노래를 부르고 나서 달을 향해 소원을 빌던 순간은 가슴 뭉클한 기억으로 남아 있다. 우리는 술을 마실 때도 '구바떼!' 하고 선창을 한다. 그런 다음엔 서로를 보며 한바탕 흐드러지게 웃고 나서 시간 가는 줄 모르고 지껄인다. 흥이 나면 노래를 부르거나 제멋대로 춤을 추기도 한다.

어느 한 부부가 놀러가자든지 모이자고 바람을 잡으면 사전계획 없이도 즉시 모인다. 우리는 전혀 이해관계가 없지만 서로를 공감하고 기꺼이 협력하는 진짜 이웃사촌이다. 특히 아이들이 그만그만하기에 자녀문제에 대해서는 터놓고 상의한다.

인생이란 여정에서 진정한 동행자 한 사람만 만나도 행운이라는데, 이렇게 좋은 부부들이 가까이 있으니 큰 행운이 아닐 수 없다. 중동마을 산수유 그늘 아래로 모여드는 구바떼 부부들의 모습은 상상만 해도 낭만적이다. 산수유같이 해맑고 포근한 부부들이여! 구름은 흘러가도 언제나 바위같이 남고, 해마다 이맘땐 산수유처럼 피어나라.

우 편 엽 서

도서
출판 프로네

서울특별시 서대문구 충정로 3가 270
배왕인쇄문화 4층

1 2 0 - 0 1 3

보내는 사람 _____

(전화   -   )

독자카드

푸른숲 독자가 되어 주셔서 고맙습니다. 푸른숲은 국내외 모든 훌륭한 책을 중심으로, '감동이 있는 책' 펴내기에 힘쓰고 있습니다. 아래 물음에 답하셔서 우체통에 넣어 주세요. 이 엽서는 좋은 책 만드는 소중한 자료로 쓰겠습니다.

귀하의 이름 _____

구입한 책 _____

성별(남·여) _____ 년 _____ 월 _____ 일생

직장 또는 학교 _____

구독신문·잡지 _____

푸른숲에 바라는 말씀

[빈 칸]

1. 이 책을 구입한 동기
   ① 주위의 권유로 (_____로부터)
   ② 서점에서 눈에 띄어서
   ③ (_____)에 난 광고를 보거나 듣고
   ④ 신문, 잡지, 신보 등의 신간안내를 보고
   ⑤ 그 외 (_____)

2. 구입한 서점
   지역 (_____) 서점 이름 (_____)

3. 어떤 종류의 책을 즐겨 읽으십니까?
   ① 국내소설 ② 외국번역소설 ③ 수필 ④ 시
   ⑤ 우화집 ⑥ 명상서적 ⑦ 베스트셀러 ⑧ 추리·SF소설
   ⑨ 그 외 (_____)

4. 가장 좋아하는 작가(혹은 작품)는?
   (국내외) _____

5. 즐겨 듣(보)시는 라디오 프로그램은?
   ① FM은 내친구 ② 배철수의 음악캠프
   ③ 한승원 밤의 디스크쇼 ④ 별이 빛나는 밤에

6. 앞으로 읽고 싶으신 책이 좋은가?
   ① 이름다운 사람이야기 ② 사랑시 ③ 철학이 있는 우화집
   ④ 명상서적 ⑤ 추리소설 ⑥ SF소설
   ⑦ 감동적 혹은 소트리 ⑧ 그 외 (_____)

● 귀하를 푸른숲 독자회원으로 모십니다. 푸른숲 발간 책에 한해 좋은한 신간안내를 보내 드리겠습니다.

권태기와 변화

흔히 신혼을 깨가 쏟아지는 때라고들 한다. 그토록 찾아헤매던 짝을 만나 사랑의 둥지를 틀고 서로를 확인하면서 일치시켜 나가는 과정이란 상상만 해도 가슴이 설레인다.

그러나, 결혼생활이란 신혼의 꿈같이 마냥 달콤한 것도, 연보랏빛만도 아니다. 어떤 부부들은 첫날 밤부터 트러블을 일으켜 돌아올 수 없는 강을 건너기도 하고, 불과 며칠이 지나지 않아 서로 육탄전을 벌이는 경우도 있다.

물론 신혼 초에 이러한 갈등의 표출은 앞으로 결혼생활에 먹구름을 드리우는 불길한 징조가 아닐 수 없다. 신혼 초 이러한 갈등에 어떻게 대처해 나가느냐가 일생동안 결혼생활의 방향을 결정 짓는다.

신혼의 꿈에서 깨어나고 세월이 흐르는 동안 예측할 수 없었던 수많은 돌발사태가 터지고 그때마다 부부는 갈등에 부딪친다. 반찬투정이나 늦은 귀가에 대한 불만 등 사소한 것에서부터 어느 한편의 엄청난 실수나 실패 등 세상만사의 모든 갈등의 축소판이, 바로 이 가정이란 작은 공간에서도 벌어지기는 마찬가지다. 똑같은 얼굴, 변함없는 태도를 가진 사람과 지치지 않고 몇십 년을 살아가기란 여간한 노력과 인내가 필요한 게 아니다.

첫사랑의 연인과는 결혼하지 말라

극소수의 잉꼬부부들을 제외하고는 대다수 보통부부들은 갈등과 화해를 반복하면서 그런 대로 결혼생활을 유지해 나간다. 부부가 결혼 25주년인 은혼식을 넘기고 50년이 되는 금혼에 이르기란 하늘이 돕지 않으면 어렵다고 생각된다. 두 사람의 금슬뿐만 아니라 건강 또한 유지되지 않으면 안 되기 때문이다.

해가 거듭될수록 서로가 호기심은 사라지고 상대방의 약점이 발견되면서 서서히 권태라는 무서운 병이 부부생활 속에 침범해 들어온다. 사소한 시비가 증폭되어 큰 갈등으로 번지고, 잘한 것보다는 잘못한 것만을 들추어내어 서로를 비난하고 책임을 전가하게 되면 자꾸만 상처는 커진다.

연애결혼하고서 극심한 결혼갈등으로 상담하러 왔던 부부들의 공통된 말은 '연애시절엔 그렇게 나쁜 사람인 줄 전혀 몰랐다'는 것이다. 그래서, 괴테는 첫사랑의 연인과는 결혼하지 말라고 했던가.

연애시절엔 죽자 살자 따라다니던 사람들이 오늘날 왜 이렇게 얼음보다도 차갑고 적보다 더 무서운 사이로 돌변했는지 알다가도 모를 것이 인간의 마음이다. 그러나 분명한 것은 어느 한 곳이라도 마음을 끄는 면이 있었기에 서로가 좋아하지 않았을까.

중매결혼에서는 차라리 큰 기대 없이 뜨거운 감정 없이 만났으니까 실망도 적고, 서로가 주의하기 때문에 오히려 성급하게 파탄에 이르지는 않는다.

권태란 있을 수밖에 없다. 문제는 서로가 결혼생활을 성공시키겠다는 의지와 책임감의 유무이다. 오히려 이 권태기를 잘 극복해 나간다면 부부 사이는 더욱 소중하고 성숙된 관계로 접어든다.

떨어져 있는 것도 권태기 극복의 한 방법

권태기에 접어들면 서로가 변화를 시도해야 한다. 단조롭고 무미건조한 태도에서 벗어나 상큼한 자극이 되도록 노력해야 한다. 그렇기 위해선 우선 상투적인 태도보다는 깜짝 놀랄 만한 일이나 일상생활에서 벗어나는 일을 찾아본다.

예를 들면, 단 둘이서만 여행을 떠나보는 것도 좋은 일이다. 아름다운 추억이 서린 곳을 찾아가는 것도 좋고, 아니면 평소에 꼭 가보고 싶었던 낭만적인 곳으로 떠나보는 것도 좋다. 문제는 둘이서 생활의 굴레를 벗어나 같은 목적을 가지고 생각하고 시간을 공유하는 데 의의가 있다.

산보다는 바다가 더 좋다. 역시 바다는 낭만이 있고 감정을 정화시키는 데 효과적이기 때문이다.

그래도 권태에서 벗어나지 못한다면 잠깐 동안 둘이서 떨어져 있어보는 방법도 있다. 두 사람이 같이 있을 때와는 또 다른 생각과 느낌을 갖게 될 것이다. 기간을 너무 길게 잡지 말고 단 며칠이라도 떨어져 있어보면 상대방의 소중함도 알게 될 것이고 자기 자신을 되돌아볼 수 있는 계기도 될 것이다. 떨어져 있으면 대부분 아쉬운 쪽은 남편이다. 남편들은 이러한 계기를 통해서 아내가 차지했던 공간이 얼마나 컸던가를 느끼게 되고 아내의 소중함도 자연히 알게 될 것이다.

　이런 경우 대개 아내들은 자식들 걱정 때문에 떨어져 있기를 꺼려한다. 엄마 없으면 애들이 큰일 나는 줄 알고 벌벌 떤다. 그러나 더 큰 사랑을 주기 위해, 참사랑에 이르기 위해 작은 정은 절제할 줄 알아야 한다. 떨어져 있는 동안 아내들 자신도 남편의 진정한 모습을 떠올리게 되고 감정의 찌꺼기를 털어버리고 자기 자신의 참모습도 보게 된다.

　이렇게 하고서도 풀리지 않는 권태가 있다면 보다 심각한 문제가 밑바닥에 숨겨져 있거나 이미 금이 가버린 부부 사이일 가능성이 많다. 이쯤되면 전문가의 도움이 필요하다. 아무튼 권태기를 잘 극복해 나가는 부부야말로 사랑할 줄 아는 능력의 소유자들이다.

서로의 건강을 내 몸같이

조선시대에는 유교사상과 농경사회의 특수성 때문에 조혼풍습이 자리잡았고, 대부분 신부가 신랑보다 나이가 많아 '삼각산에 비 온 둥 만 둥 조그만 님의 품에 잠잔 둥 만 둥'이란 민요가 나올 정도였다.

그러나 해방이 되어 시대가 바뀌자 후기 산업사회에 필요한 고도의 지식과 기술을 습득하는 준비기간으로 청소년기는 길어질 수밖에 없었다. 따라서 결혼적령기도 차츰 늦어지는 경향을 보였다.

게다가 남자는 부양의 의무 때문에 학업을 다 마치고도 군대에 다녀온 후, 직장을 얻고 나서야 결혼하게 되니 신부보다 보통 서너 살 더 나이가 많다.

그러나 이러한 신랑 신부의 나이 차이는 노후에 문제가 된다.

결혼적령기 선택의 중요성

1930년 우리나라 평균수명은 남자 32세, 여자 35세였는데, 1992년에는 남자 67세, 여자 75세로 여성이 7~8세 더 장수하는 것으로 되어 있다. 오늘날 세계적인 장수국으로 알려진 일본의 평균수명은 남자 76세, 여자 82세인데, 선진국에서는 여자가 남자보다 평균 5년 더 장수하는 것이 보편적 추세이다.

그렇지 않아도 여성이 장수하는데다 결혼 당시 남성이 여성보다 더 나이가 많으니, 노년에 이르러서는 남편을 사별하고 홀로 외롭고 쓸쓸한 세월을 십여 년 간 보내야 한다니 커다란 고통이 아닐 수 없다. 게다가 여성은 노인성 치매가 많고 대부분 경제적 능력이 없어 무조건 오래 사는 것만이 행복의 조건이 될 수 없다.

사회가 급변함에 따라 핵가족화도 가속화되어, 현재 우리나라에는 노인들만 사는 가정이 농어촌에는 66퍼센트로, 도시에는 54퍼센트로 십 년 전에 비해 무려 두 배로 늘어났다. 삼분의 이가 벌써 자식도 없이 쓸쓸한 노후를 보내고 있는 실정이다.

우리가 원하든 원치 않든 사회는 급변하고 여기에 적응해 살아갈 수밖에 없는 것이 인간이다. 옛날 속담에도 '효자 열 명보다 악처 한 명이 낫다'는 말이 있지만, 요즘 나이먹어서는 부부밖에 없다는 말이 여기저기서 들려온다.

그런데 이렇게도 소중하고 필요한 사람을 함부로 대하고 몸이 아파도 본체만체하는 사람들이 있다. 그래도 40대 전이라면 재혼도 더 수월하겠지만, 50대 접어들어 홀로 된다면 남자나 여자 모두가 불행해진다.

이러한 문제를 미연에 방지하기 위해서는, 우선 결혼적령기를 가능한 한 나이차이가 없도록 하고, 때에 따라서는 서너 살 연상의 여인으로 선택하는 것도 노후를 위해서는 바람직하지 않을까 하는 생각이 든다.

40대 남성의 사망률 세계1위

그리고 성인병이 서서히 고개를 드는 중년에 접어들어서는 서로의 건강문제에 각별한 관심을 가져야 한다. 올바른 의학지식이나 정보를 통해서 질병을 예방하고 건강을 증진하도록 서로가 협력하는 동안 부부애는 더욱 깊어질 것이다.

우리나라 40대 남성들의 사망률이 세계에서 가장 높다고 하는데, 보약을 제일 많이 먹는 나라치곤 아이러니가 아닐 수 없다. 여러 가지 측면에서 그 이유를 생각해볼 필요가 있다.

우선 직장이나 사회적으로 많은 스트레스를 받고 이를 적절히 처리하지 못하는 데서부터 문제가 발생한다.

또 과음, 과로, 지나친 흡연 등 무절제한 생활이나 잘못된 건강관도 문제가 되고 있다. 적당한 섭생이나 운동, 규칙적인 생활 등으로 건강을 다져나가는 것이 아니라, 가만히 앉아서 부동산 투기하듯 보약이나 스태미나를 증진하기 위한 흉칙한 몬도가네 식으로 안일하고 신속하게 건강을 얻으려 한다.

또, 병이 났을 때는 초기에 적절한 방법으로 치료를 받아야 하는데도, 미신이나 민간요법 등 비과학적이고 치료효과가 불확실한 방법으로 치료하려는 사람들도 흔히 있다.

40대의 사망률을 줄이기 위해서는 올바른 가치관과 건강관을 갖는 것이 무엇보다도 중요하다.

아내는 집안의 태양

또, 아내가 병이 났는데도 별로 관심이 없는 남편들이 있다. 아내는 그 집안의 태양이다. 아내의 건강이 좋지 않으면 그 집안은 먹구름이 드리워지고 마는데, 아이들이 아프면 허둥대는 남편들도 아내가 아프다고 하면 '알아서 하겠지' 하고 별로 관심이 없다.

어느 땐 남편의 협조가 필요해서 한번 만나자고 연락해도 끝끝내 나타나지 않는 남편들도 간혹 있다. 검사에 이상이 없다고 하면 '죽지는 않겠구만' 하고 코웃음을 치고, 심지어 의사와 짜고 꾀병을 앓는다고 말하는 사람까지 있다.

노후에는 세 가지 문제가 해결되지 않으면 행복해질 수가 없다. 그 첫번째가 건강이 좋아야 되고, 두 번째로 경제적 여유가 있어야 하며, 세 번째는 적당한 소일거리가 있어야 한다.

이 세 가지 문제를 해결해 가기 위해서 부부가 젊은 시절부터 함께 협력해 나아가야 한다. 그 중에서도 건강이 제일이다. 건강이 좋지 않으면 돈이 태산같이 있은들 무슨 소용이 있겠는가.

부부생활에 있어서 최대의 행복은 두 사람이 검은 머리가 파뿌리될 때까지 건강하게 오래오래 사는 것이다.

제3부
새로운 인생을 시작하는 중년 여성

목적의식과 삶의 의미

'자기의 분수를 알고 남의 입장을 이해하며 인생의 목표를 세우고 그 목표를 이루기 위해 피와 땀을 아끼지 않으며 어떠한 고난과 역경이 닥쳐와도 자기 뜻을 굽히지 않고 죽는 날까지 부끄럼없이 웃으며 살아가는 사람이 되자.'

필자가 아주 어려운 시절에 지향하던 삶의 기준이었다.

사람은 제각기 삶의 목표와 의미를 지니고 살아간다. 만약 그렇지 않다면 돛 부러진 배처럼 삶의 방향을 잃고 방황할 것이며, 곧바로 절망에 이르고 만다.

십 년 동안 골프를 즐기던 관리가 있었다. 금년 들어 사정의 한파가 몰아쳐 골프장 출입이 제한되자 건강에 좋은 운동이니까 연습장에서라도 꾸준히 연습을 하리라 맘먹었다. 처음 한 달 간은 열심히 연습장에 드나들었으나 두 달째부터는 싫증이 났다. 언제

풀릴지도 모르는 사정한파 속에서 그저 막연하게 똑같은 동작으로 연습장에서 공이나 때린다는 것은 여간 재미없는 일이 아니었다.

연습장에서 땀 흘리며 열심히 연습한다는 것은 탁 트인 필드에서 공을 날린다는 기대감과 목표가 있기에 가능하다. 하물며 즐기던 골프까지도 그러할진대 일생을 살아가는 데 있어 목표가 없다면 얼마나 답답하고 지루하겠는가.

빅터 프랑클의 의미치료
사람이 살아가는 형태는 천차만별이다. 그러나 각자 나름대로 목적의식이 있을 때 그 사람은 지칠 줄 모르는 에너지가 분출된다. 가끔 난파선이나 전장에서 부상을 당하고 사선을 넘으면서도 끝까지 살아남은 사람들의 얘기를 듣는다. 애인을 만나야 한다거나 꼭 살아남아야 한다는 강한 삶의 의지를 지니고 있었던 것을 알 수 있다. 삶의 의지가 삶의 에너지로 바뀌면서 끈질긴 생명력을 불러일으키고 초인적인 힘을 자아낸다.

오스트리아가 낳은 세계적인 정신분석학자 중 올해 90세인 빅터 프랑클(Victor Frankl)이라는 사람이 있다. 이 사람은 죽음의 나치 포로수용소에서의 체험을 의미치료(Logotherapy)라는 정신치료기법으로 체계화시켰다. 유대인이었던 까닭에 아우슈비츠 수용소로 끌려가 부모와 처자를 모두 잃고도 혼자 살아남을 수 있었던 것은 다름아닌 삶의 의미(Meaning of life)를 잃지 않았기 때문이라는 것이다.

절망의 늪에서 헤어나는 길은 무엇인가?

그건 두말할 필요도 없이 희망이다. 희망은 삶의 의미가 있을 때만이 빛을 발한다. 한 줄기 빛을 따라 앞으로 나아가는 사람은 결코 한눈 팔지 않고 모든 사고나 행동이 한 곳으로 모아진다. 미래에 전개될 새로운 세계에 대한 호기심과 기대감으로 가슴이 부풀고, 오늘보다는 더 나은 내일이 있다는 희망의 불빛을 따라 활력에 넘치는 삶이 전개된다.

그리고 목적의식을 가지고 어떤 목표를 향해 나아가는 삶의 모습은 경건하고 내적인 힘이 충만하여 옆에서 보는 이로 하여금 용기를 불러일으키고 가슴을 뿌듯하게 한다.

목적의식이 없는 삶은 뿌리 없는 나무와 같다. 삶의 목표가 있어야 노력할 수 있고 새로운 활력을 얻으며 행복의 전제조건인 만족감과 성취감을 맛볼 수 있다.

추구해야 할 목표가 정해지면 일생 동안 줄기차게 그 목표를 향해 나아가야 한다. 어떠한 어려움이 닥치더라도 자신을 포기하지 않고, 이 세상 끝까지 최선을 다하는 삶이야말로 보석처럼 빛을 발한다.

만약 빅터 프랑클이, 죽음의 포로수용소에서 나치들에 의해 무자비하게 불 속에 내던져진 필생의 논문을 어떻게 해서든지 다시 기억을 더듬어서 써내야 되겠다는 결심을 하지 않았더라면, 먼저 간 가족이나 동료들처럼 가스실의 한 줌 재로 변하고 말았을 것이다.

그 추위와 굶주림 속에서 '어떻게 하면 허기진 배를 채우고 추위를 피할 것인가' 하는 동물적인 삶의 형태를 취했더라면 더 이상의 삶의 에너지는 나올 수 없었을 것이다. 프랑클이 그 악조건

속에서 나름대로 살아야 할 삶의 의미를 찾은 후에는 동료들이 한두 명씩 차례차례 쓰러져 가스실로 보내져도 자신의 육체는 더욱 강해져서 최후까지 살아남았다는 것이다.

삶의 의미를 잃어버린 데서 오는 우울증

최근 프랑클은 90세의 고령에도 불구하고 일본에서 열린 세계정신신체의학회에 참석하여 '마지막이 될지도 모른다'며 열띤 강연을 하는 불타는 삶의 의지를 보여주었다.

특히 의미치료는 우울증에 빠진 사람들에게 적용이 잘 되는 정신치료기법이며 실존분석이론이다. 우울증이란 한마디로 고독병이며 삶의 의미를 잃어버린 데서 온다. 이 삶의 의미만 되찾아주면 우울증은 일시에 호전될 수도 있다는 것이다.

정말 우울증에 빠진 사람들을 보면 안타까울 정도로 마음이 공허하다. 가슴에 구멍이 휑하니 뚫려 찬바람이 쌩쌩 지나간다. 누가 무엇으로 이 뚫린 가슴을 메워줄 것인가. 프랑클은 '삶의 의미'만이 이 문제를 해결할 수 있다고 했다.

'나는 무엇 때문에 살아가고 있는가?' '어떻게 사는 것이 진정한 삶의 형태인가?' 하는 물음은 청소년들에게만 해당되는 것은 아니다. 오히려 이러한 진지한 물음은 중년 이후에 더욱 필요하다.

노인들을 만나보면 '나는 이제 다 끝났다' '이제는 아무것도 할 수 없다'고 스스로 삶의 의미를 포기하고 있다. 참으로 안타까운 일이다. 정신이 황폐화되어 있다면 죽은 사람이나 다를 바 없다.

누구든지 죽는 날까지 청소년 시절에 지녔던 진정한 삶의 목표와 의미를 저버리지 않고 살아간다면 정말 고귀하고 아름다운 삶을 살다간 사람임에 틀림없다.

올바른 건강관

사람은 누구나 건강하기를 바라고 또 오래 살기를 원한다. 그래서 자기 나름대로의 건강관, 즉 건강철학을 가지고 있다. 건강관이란 한 개인이 가지고 있는 건강에 대한 개념이자 질병관이며, 인생관의 한 단면이라고 볼 수 있다.

인생관이 잘못되면 가치있는 삶이 될 수 없듯이, 건강관이 잘못되어 있으면 건강을 해치게 되어 오히려 생명을 단축시키는 결과를 낳는다.

우리나라 사람들의 건강관에는 문제점이 너무도 많다. 잘못된 건강관을 가진 사람들이 우글거린다. 올바른 건강관을 갖게 되는 것은 단순히 의학이 발달되었다고 해서 되는 일이 아니고, 국민 전체의 의식이 깨어나야 한다. 그것은 어린 시절 식탁에서부터 시작되어, 사회 전체 분위기가 합리적이고 과학적인 생활방식으로 바뀔 때 가능하다. 특히 주부들의 건강관이 올바로 섰을 때, 음식문화가 개선되고 국민건강이 향상될 것이다.
　우리나라 사람들은 약을 너무 선호한다. 도대체 약이란 무엇인가? 병이 났을 때 그 병을 치료하는 물질이며, 평상시 먹을 수 있는 음식물이 아니고 비상시에만 어쩔 수 없이 사용하는 독이다.

식보(食補)가 약보(藥補)보다 낫다

　평생을 먹어도 부작용이 없는 것은 음식물이요, 효과는 좋지만 계속 먹으면 부작용이 필연적으로 따르는 것이 약이다. 그래서 약보다는 음식물이 훨씬 더 우리 몸에 좋은 것이다.
　동의보감에도 '식보(食補)가 약보(藥補)보다 낫다'고 기록되어 있는데, 우리나라 사람들은 약이라 하면 무조건 좋다고 생각한다. 물론 보약도 예외는 아니다. 보약도 몸에 맞지 않거나 부작용이 나타날 수 있기 때문이다.
　세계 최고 장수국인 일본은 소식(小食)을 원칙으로 하되, 하루에 삼십 가지 이상의 음식을 취하려고 노력한다고 한다. 음식물을 골고루 섭취하면 우리 인체에 필요한 단백질, 탄수화물, 지방질, 무기물, 비타민 등이 균형을 이룬다.
　물론 병이 났을 때와 건강할 때의 식사는 차이가 있다. 병이 났을 때는 가려야 할 음식도 있고, 특별히 더 섭취해야 할 음식도 있다.
　그러나 병이 났을 때 음식을 가리라고 말하기가 겁이 날 때가 있다. 만약 장티푸스 같은 열병에 날 것 등을 피하라고 하면, 반년 동안 계속해서 밥에다 된장국만 먹고 영양실조에 빠지는 경우가 있기 때문이다.

또 동물성 기름기를 피하라고 말하면, 건강을 회복했을 때도 아예 고기는 입에 대지 않는 경우도 있다. 그와 반대로 어느 음식이 좋다고 하면, 다른 것은 전혀 먹지 않고 계속 그 한 가지만 먹어 영양불균형 상태를 초래하게 된다.

이와같은 어리석음은 식생활에 대한 기초적인 지식이 없는 데서 비롯된다. 특히 가족의 건강은 주부의 손에 달려 있는 만큼 주부들이 과학적이고 합리적인 사고로 음식을 다룰 줄 알고, 균형 잡힌 식단을 짤 수 있어야 한다.

그 다음은 아직도 미신이 판을 친다는 것이다. 이사갈 때 길일을 잡고, 결혼할 때 택일하는 것에서부터 사회 전반에 퍼져 있는 미신적인 생활방식은 이루 헤아릴 수 없이 많다.

일이 안 되면 '재수가 없어서 그렇다' '누구 때문에 그렇다'는 식으로 모든 것을 내가 아닌 남에게서 그 원인을 찾는 투사심리가 건강관에도 뿌리박혀 있다.

건강이 나빠지면 주위 사람을 원망하고 귀신이 들었다고 믿는다. 그래서 점치고, 굿하고, 묘 이장하고 약을 쓴다.

인간의 병이란 원인이 밝혀지지 않은 경우도 아직 많고, 스트레스 등 심리적인 요인으로 생긴 병들은 대부분 검사를 해도 특별한 이상을 발견할 수가 없다.

화병이라는 것도 마음의 병임에 틀림없으나, 화병은 못 낫는 병이라고 주로 남의 탓만 하면서 화를 풀어내는 노력을 하지 않는다. 차라리 속마음에서부터 완전히 포기하거나 체념해버리면 화가 풀릴 텐데, 겉으로만 체념하니 오히려 울화가 더욱더 치밀어오른다.

또 병을 치료할 때 보면 여러 가지 방법들을 총동원한다.

빨리 낫고 싶은 급한 성질, 한 가지 방법을 믿지 못하는 마음 등이 한데 어우러져, 주무르고, 한약 먹고, 양약 먹고, 주사 맞고, 침 맞고, 좋다는 방법은 온통 한꺼번에 시행한다. 이렇게 되니 경제적인 것도 문제지만, 몸이 어디 지탱하겠는가 말이다.

돈으로 건강을 사려 하는 사람들

도대체 전문가의 말을 듣지 않는다. 사회 전반적인 병리현상이라고 생각되지만, 오히려 일반 사람들의 말을 더 신뢰한다. 이렇게 된 데는 한의학과 양의학이 양분되고 의약분업이 안 되는 등 의료일원화가 되어 있지 않은 데도 그 원인이 있다고 하겠다.

또 노력하지 않고 일시에 건강을 얻으려 한다. 돈으로 사려 하고, 기복신앙에 매달리는 것도 똑같은 심리다. 그래서 삼백만 원짜리 자석담요를 사고, 백만 원짜리 건강식품을 찾는 등 과학적으로 입증되지 않은 치료방법에 매달리게 된다.

여성들은 운동하지 않고 약으로 살을 빼려 한다. 적당한 운동이 얼마나 좋은지 주부들에게 설명해주면 '집에서 빨래하고 청소하니 운동은 충분하다'고 대답한다. 운동이란 전신의 근육을 사용하고 폐활량과 심장박동이 활발해지면서 온 몸에 땀이 배어나야 한다. 팔이나 어깨만 사용하는 가사노동은 오히려 피로만 더 할 뿐이다.

또한 여가를 선용할 줄 모른다. 여가란 경제활동에서 해방되어 에너지를 축적하는 시간이므로, 놀 때는 화끈하게 놀아야 건강에도 좋다. 물론 일에서 보람을 찾지만, 나 자신은 놀기 위해서 참고 열심히 일하는 스타일이다.

오래 사는 것만이 행복은 아니다. 풍요로우면서 건강하게 오래 살 때만이 진정한 행복이라 할 것이다.

올바른 건강관은 합리적인 사고에서부터 출발한다. 불로초나 불사약만을 찾았던 진시황은 잘못된 건강관 때문에 50세밖에 살지 못했다는 사실을 알아야 한다.

세계적인 장수촌의 비결

　최근 서울대 보건대학원 김정근 교수 팀은 인류학적으로 한국인의 평균수명 한계치는 여자 104.74세, 남자 99.47세라고 발표하였는데, 이는 우리가 노력만 한다면 1세기를 사는 것이 어렵지 않음을 보여주고 있다.
　그러나 우리나라에 100세를 넘긴 사람은 90년 11월 실시된 경제기획원의 인구주택 총조사에 의하면 459명이었는데, 이 년 뒤에는 이들 중 223명만이 살아남은 것으로 확인되었다. 사람이 100세까지 사는 것이 불가능한 일은 아니나 결코 쉬운 일도 아니다.
　그러면 사람의 수명은 어떻게 결정되는 것일까?
　1961년 레너드 헤이플릭 박사는 암세포를 조직 배양하던 중 '유전시계'라는 개념을 발견했다. 사람의 수명은 태어날 때 이미 유전적으로 결정된다는 것이다. 시계의 태엽이 풀리듯 수명은 점점 단축되고, 태엽이 다 풀리면 끝이라는 개념이다. 2~3세 아이들의 세포는 60~80회까지 분열하지만, 60세에서는 15~20회, 80세에서는 8회 정도만 분열하므로 나이가 들수록 수명은 짧아질 수밖에 없다.

장기의 수명을 보면 심장이 150년, 신장이 120년이다. 사람이 장수하려면 심혈관계와 신경계가 튼튼해야 하는데, 이러한 기관들은 손상을 입게 되면 다시는 재생이 불가능하기 때문이다.

그러나 타고난 수명을 단축시키는 것은 나쁜 생활습관과 공해라고 할 수 있다. 즉 흡연, 과음, 과로, 스트레스, 비만, 운동부족, 약물남용, 나쁜 식습관 등이다.

인간의 천수는 4만3천2백여 일
사람은 몇 살까지 살 수 있을까?

서양의 기록으로는 아담이 930세까지 살았다고 하지만 한낱 전설적인 이야기일 뿐, 의성 히포크라테스가 109세, 동양의 요순양제가 130세까지 살았다고 한다. 동의보감에서는 인간의 천수를 4만3천2백여 일이라고 했는데, 이것을 연수로 환산하면 약 118년이 된다.

보통 동물의 수명은 성장기간의 다섯 배 정도라 한다. 인간이 25세까지 성장한다고 볼 때 125세까지 살 수 있다는 결론이다. 지금부터 400년 전에 쓰여진 동의보감과 현대의학에서 말하는 천수가 거의 일치함을 볼 때 그저 놀라울 뿐이다.

그러면 100세 이상 장수자가 가장 많이 살고 있다고 알려진 세계 장수촌의 특징은 무엇일까?

세계 3대 장수촌은 적도 바로 밑에 있는 남미 에콰도르의 안데스 산맥 줄기 해발 1500미터 고원에 위치한 '빌카밤바 계곡', 파키스탄의 캐시미르 목장마을에 있는 해발 2500미터의 '훈자 마을', 구소련 남코카서스 산맥에 위치한 해발 1500미터의 '그루지야 공화국'이다.

이들 장수촌의 공통된 특징 중의 하나는 기후가 온화하고 고원지대의 분지로 둘러싸인 두메산골이라는 점인데, 고원지대에서 살면 심폐기능이 강해지고 산소부족을 극복하기 위해서 적혈구가 많아지는 등 생리적인 변화가 일어나는 것과 관련이 있다고 볼 수 있다.

둘째는 주로 주식이 잡곡인데다, 채소나 과일을 굉장히 많이 먹고, 소식(小食)하는 편이며, 새콤한 음식을 좋아한다는 것이다. 그들은 아주 부지런하고 항상 활동하면서 충분한 휴식을 취하고, 젊었을 때부터 하던 일을 노년에도 쉬지 않고 계속하고 있다.

그리고 칼슘과 철분 등 각종 미네랄이 들어 있는 생수를 마신다. 끓인 물은 영하 7도에서 얼고 자연수는 0도에서 어는데, 수분의 70퍼센트인 인체는 자연수와 동일한 특성을 가지고 있다.

인체와 동일하게 0도가 빙점인 수분을 함유한 과일이나 채소를 많이 먹고 생수를 마시는 것은 그만큼 인체의 신진대사를 원활하게 한다.

마지막으로 원만한 결혼생활을 하면서 노년에도 활발한 성생활을 하고, 낙천적인 성격에 오래 살 것을 기대하면서 살아가고 있더라는 것이다.

장수자들은 모두 성실한 사람들

우리나라 통계청은 92년 9월에 '100세 이상 고령자 현황'이라는 조사에서 장수자들의 장수비결로 규칙적인 생활(32.8퍼센트), 채식(21.3퍼센트), 소식(14.9퍼센트)을 든 것으로 나타났다.

세계 최고 장수국인 일본의 요미우리신문이 100세 이상 장수자 666명을 조사하여 발표한 것을 보면, 첫째 규칙적인 산책이나 여행 또는 집안 일 등 끊임없는 활동으로 적당한 운동을 하고 있으며, 둘째 야채, 밥, 과일, 된장국, 물고기, 두부 등의 음식을 즐기고 절대로 과식하지 않으며, 셋째는 텔레비전이나 독서도 즐기지만 반수 이상은 맛있는 음식을 먹는 식도락가였으며, 넷째 70퍼센트 이상이 무슨 일이나 열심히 하는 적극적이고 성실한 사람들이었다는 것이다.

미국의 장수연구가 로버트 샘프 박사가 발표한 장수자의 성격 특성을 보면 장수자들은 중용을 지키고, 극단을 피하고, 유연성이 뛰어나며 스스로 개선하고 해결해나가려는 적극성을 가졌다고 한다. 또한 우리나라 100세 이상 장수자들의 공통된 성격도 한결같이 온화하고 유순하다는 것이다. 특히 현대인들은 수명을 단축시키는 스트레스 홍수 속에서 살고 있기 때문에 원만한 성격이 장수에 꼭 필요하다.

동의보감에서는 장수의 비결을 절제와 섭생이라고 했다. 절제를 과로하지 말고 지나친 욕심을 부리지 말라는 뜻으로 받아들일 때, 스트레스를 최소화하는 방법이라 하겠다. 그리고 섭생은 적당하고 균형잡힌 음식습관과, 과음, 과식과 해로운 음식을 피하라는 말이다.

필자가 여기에 하나 더 보탠다면, 현대인들에게 특히 도시중산층에서는 운동부족이 건강을 해치는 요인 중의 하나라는 것이다. 현대인에게 적당한 운동이야말로 필수적이라 하겠다. 전신의 근육과 관절이 풀어지고, 온몸의 혈액순환이 좋아지며, 땀이 살짝 날 정도의 규칙적인 운동은 장수의 비결 중 빼놓을 수 없는 조건이다.

누가 오래 살기를 마다하겠는가.

그러나 건강하지 않을 땐, 오래 사는 만큼 자신이나 주위 사람들에게 고통만을 줄 뿐임을 기억해야 한다.

어떻게 스태미나를 보강할 것인가

며칠 전 단골 식당에 갔다. 주방장이 엄지손가락을 위로 치켜세우며 곰장어구이를 권한다. 수족관을 보니 미꾸라지 입과 비슷한 입을 가진 회색빛 곰장어들이 맥없이 흐느적거리고 있었다.

"저게 무슨 정력제냐"고 핀잔을 주었더니, 주방장 왈 "곰장어는 낮에 축 늘어졌다가도 밤만 되면 활기를 찾고 요동을 치니 정력에 좋을 수밖에 없다"는 주장이었다.

흔히 스태미나 식으로 알려져 있는 것들은 상혼에 의해 과포장되어 있고 또한 상징적인 것들이 대부분이다. 예를 들면 해구신이 정력에 좋다는 것은 물개 수놈이 여러 마리의 암놈을 거느리기 때문이며, 교미시간이 긴 뱀이 정력제가 된 이유 또한 여기에 있다.

정력제는 비쌀수록 잘 팔린다고 한다. 비쌀수록 약효를 신뢰하는 심리적 효과가 나타나기 때문이다. 우스갯소리로 여자를 위한 최고의 미용제, 남자를 위한 확실한 정력제만 개발한다면 세계적인 부호가 될 수 있다고들 한다.

신 것을 먹으면 정력이 세진다

'이것이 정력제다' 하면 그 효능 여부는 뒤로 하고 우르르 몰려드는 것이 우리나라 남성들이다. 정력이 떨어진 사람들이 왜 그렇게 많은지 한심할 때가 한두 번이 아니다. 모 재벌이, 등소평의 장수주를 수천억 원에 판권 소유하려다가 교섭에 실패했다는 사실이 보도된 적이 있지만, 아무튼 장수식품 못지않게 정력제에 대한 집착은 가히 세계적이다.

그러나 정력이란 음식 한두 가지로 좌우되는 것이 아니다. 스태미나 그 자체는 종합예술이라 할 만큼 여러 가지 심리적 신체적 요인들이 복합적으로 관여한다.

무엇보다도 스태미나에 영향을 미치는 첫번째 요인은 아름답고 매력적인 파트너다. 부부간에 갈등이 있거나 매력을 잃었을 때의 섹스는 의무방어전이 되고 만다.

그 다음은 육체적인 건강이다. 정자나 정액의 원료인 단백질은 신체 다른 부위에서 쓰고 남을 때에만 성관계를 위해서 보급된다. 상처를 입었다거나, 질병에 걸리면 성욕이 감퇴되고, 흉년이 들면 출산률이 떨어진다고 한다.

정력을 증강시키기 위해서는 섭생이 중요하다. 그러나 아이러니컬하게도 성욕을 일으키고 정자나 정액의 생성을 촉진시키는 남성 호르몬의 원료는 콜레스테롤이다. 알려진 바와 같이 콜레스테롤은 동맥경화증이나 고혈압 등을 일으켜 그 자체가 성불능을 가져올 수 있다.

　옛말에 '신 것을 먹으면 정력이 세진다'는 말이 있다. 그런데 양조식초 속에는 3~5퍼센트의 초산염이란 산이 들어 있어 콜레스테롤과 결합하여 남성 호르몬인 테스토스테론을 만든다. 따라서 콜레스테롤이 많이 들어 있는 육류 한 가지만 먹어서는 의미가 없고, 신맛 나는 과일이나 여러 가지 식물성 식품을 동시에 섭취해야만 효과가 있다.

　정력에 좋은 과일류로는 딸기, 토마토, 포도, 귤, 사과, 복숭아, 바나나 등이 있고, 부추, 파, 양파, 마늘, 콩, 땅콩, 토란, 들깨, 호도, 잣, 은행, 꿀 등의 식품도 도움이 된다.

　동물성으로는 모든 육류가 정력을 증강시킬 수 있는데, 특히 동물의 뇌, 간, 고환, 우유, 달걀, 미꾸라지, 장어, 고등어, 새우, 굴, 전복, 낙지 등 우리 주위에서 쉽게 구할 수 있고 식탁에 자주 오르는 것들이 바로 정력제이다.

　몸에 좋다고 해서 한 가지만 계속 먹으면 탈이 나는데, 정력에 좋은 음식 또한 마찬가지다. 식물성과 동물성을 골고루 먹을 때 콜레스테롤이 정력에 필요한 남성 호르몬으로 잘 변화되어 건강에도 좋고 정력에도 좋다. 또 남성 호르몬의 대표격인 이 테스토스테론으로부터 가장 강력한 여성 호르몬의 일종인 에스트라디올이 만들어진다. 여성이나 남성 모두가 남성 호르몬과 여성 호르몬을 동시에 지니고 있는데, 단지 테스토스테론은 남성이 여성보다 열 배 정도 많을 뿐이다.

성기관도 쓰지 않으면 퇴화한다

항상 쓰던 칼이 성능이 좋듯이 성기관도 용불용설(用不用說), 쓰지 않으면 퇴화되고 만다. 노인들이 육십 일 이상 성관계를 갖지 않으면 발기장애가 오고, 성생활을 하지 않는 신부들이 75세 이후에는 모두 발기가 되지 않는다는 사실에서도 알 수 있듯이 아무튼 안 쓰고 그냥 놔두면 녹슬고 만다.

정력이 떨어졌다고 무조건 호르몬 주사를 놓아달라는 사람들이 있는데, 주사로 외부에서 공급해주면 90퍼센트 이상씩 고환에서 자체 생산해내던 테스토스테론 공장이 그만 문을 닫게 되므로 45세 이후에나 고려해볼 일이다.

충분한 수면을 취하는 것도 정력에 좋다. 수면 중에 남성 호르몬 분비가 많아지기 때문에 옅은 잠을 자거나 수면시간이 짧으면 정력이 약해진다.

음식 못지않게 중요한 것은 운동이다. 목운동, 목덜미 마사지, 고환을 꽉 쥐었다 펴기 등도 남성 호르몬 분비를 자극한다. 허리 운동, 앉았다 일어서기, 누워서 자전거 타기, 발바닥에 자극을 주기 위한 걷기 등도 정력에 도움이 된다. 소변을 한꺼번에 보지 말고 몇 차례 나눠 보는 것도 성기능 강화에 도움이 된다. 특히 여성들이 이 훈련을 하면 자신들의 성감도 증가되고, 따라서 남편들도 대단히 좋아하게 된다. 고환은 34℃에서 정자 생성이 가장 잘 되는 것으로 알려져 있다. 바람이 시원하게 잘 통하도록 헐렁한 옷을 입는다든지 냉수욕을 하는 것도 정력에 도움이 된다.

술과 담배는 모두 정력에 나쁘다. 다만 술을 조금 마셨을 때 심리적 해방감이나 본능을 억누르던 자제력이 풀려 성적 욕구가 증가하는데, 특히 여성에게 두드러진다고 한다. 그러나 성기능 자체를 약화시키는 것은 사실이다.

골초들 중에는 발기장애가 많다. 담배를 하루에 두 갑 이상 1~2개월간 피우면 갑자기 발기장애가 오는 경우가 있고, 삼십대에서 하루에 삼십 개비 이상 흡연하였을 때 남성들의 50퍼센트가 조루증이나 발기장애가 온다고 한다.

뭐니뭐니해도 성기능 장애에 스트레스를 빼놓을 수 없다. 스트레스를 받을 때에는 남성 호르몬의 분비가 급격히 저하된다.

사격선수라고 무조건 총 쏘는 연습만 하지는 않는다. 체력단련이 사격 성적을 올리듯, 전신건강에 주력할 때 스태미나는 자신도 모르게 증강되는 것이다.

'화병'이란 무엇인가

정신질환에는 문화관련 증후군(Culture bound syndrome)이란 개념이 있다. 특수한 문화권에서만 발생한다고 판단되는 질병들을 모아 독특한 병명을 붙여주는 것이다.

예를 들면 아모크(Amok)라는 병은 갑자기 칼, 총기, 폭발물 등으로 사람이나 동물을 무자비하게 살상하는 일종의 분노 발작으로, 말레이시아 남성들에게서 볼 수 있다.

또 에스키모 여자에게 나타나는 피블로크토(Piblokto)라는 정신병은, 갑자기 소리를 지르면서 옷을 벗어던지고 나체가 되어 눈 위를 달리기도 하고 난폭하게 뒹굴기도 하다가 한두 시간 지나면 언제 그랬느냐는 듯이 완전히 정상으로 되돌아오는 병으로, 이 문화권에서만 발견된다.

최근에 우리나라 정신과 의사들 중에서는 전통적으로 사용해

오던 화병이란 개념이 우리 고유한 문화에서만 나타난다는 견해를 밝히고 있다.

40~50대 중년 여성의 발병 확률 높아
화병이란 도대체 무엇일까?

화는 불이다. 불의 속성은 활활 타는 것이고 열이 나는 것이다. 화가 났을 때 흔히 '속에서 열불난다'는 말을 사용하는 것도 바로 이 때문이다.

어떤 울분이나 적개심이 가슴에 사무쳐 신체적, 정신적 고통이 불처럼 나타날 때, 화가 들어 병이 났다고 하여 '화병'이라고 하였을 것이다. 즉 심리적인 원인으로 병이 난 경우이다.

화병은 주로 대인관계에서 비롯된 좌절과 실망 등 욕구불만이 자율신경계의 교감신경을 자극하여 화기(열기)를 동반하는 자율신경 실조증의 일종이라 할 수 있다.

교감신경이란 긴장과 분노와 같은 공격적인 태도를 취할 때 흥분되는 신경으로, 많은 에너지 소모가 일어난다. 그래서 열량에 필요한 산소요구량이 증가하여 호흡이 가빠지고, 피를 많이 보내기 위해 심장이 빨리 뛰어 열이 날 수밖에 없고 열감을 느끼는 것도 당연하다.

자율신경계의 중추는 시상하부에 있는데, 인체의 체온을 조절하는 열중추와 성 호르몬을 조절하는 성중추도 바로 이곳에 있다.

화병은 주로 40~50대 중년 여성에게 흔하고, 사회경제적 수준이 낮은 계층의 사람에게 많다는 보고가 있다.

65~85퍼센트의 중년 여성들이 갱년기장애를 겪고 있으므로 얼굴에 뜨거운 열감을 느끼는 안면 홍조(紅潮) 등 여러 가지 신체적인 증상이 나타나게 마련이다. 게다가 사회경제적으로 어려운 상황에 있으면 자연히 스트레스가 많아져 갱년기 증상은 더욱 심해질 수밖에 없다.

지금까지 20대 여성 중에는 심한 스트레스 때문에 두통이나 소화장애 등 여러 가지 신체증상을 호소하지만, 얼굴에 열이 오르는 환자는 보지 못했다.

중년 남성들도 아주 드물지만 열이 오른다는 사람이 있는데, 약 5퍼센트의 남자들이 갱년기 증상을 보인다고 하니 이와 관련하여 생각할 일이다.

또 화병은 완벽함을 추구하고 사소한 일에도 집착하는 꼼꼼한 성격, 감정을 발산하기보다는 억제하고 체면을 중시하는 사람들에게서 많이 볼 수 있다는 것도 심한 갱년기장애 환자들과 일치한다. 즉 이들은 스트레스를 많이 받고 화를 쉽게 풀지 못하는 성격을 가진 사람들이다.

화병과 갱년기장애

여성의 갱년기장애는 일차적으로 여성 호르몬이 떨어지기 때문이다.

여성 호르몬인 에스트로겐이 저하되면 생리가 멎게 되고, 인체에 부족한 호르몬을 보내달라는 신호로 호르몬의 사령관격인 시상하부에 마구 SOS를 친다. 그러면 시상하부는 난소에 빨리 에스트로겐을 만들라고 명령하지만, 이미 퇴화과정에 이른 난소는 그 명령을 충분히 수행할 수 없는 상태에 놓여 있다. 그러나 말초에서는 부족한 여성 호르몬을 보내달라는 구원요청이 계속되어 시상하부의 자율신경중추가 함께 흥분되고 동시에 열중추도 자극을 받아 열감이 일어난다고 볼 수 있다.

여성 호르몬은 항우울 효과도 있다.

우울증이 폐경기에 잘 오는 것은 우울증상을 막아주던 호르몬이 갑자기 저하되어 불안정한 상태에 있는데다, 정신적 충격이 가해지면 그 스트레스를 감당하지 못하기 때문이다. 육체적으로 건강하던 젊은 시절에는 아무렇지도 않던 일도 갱년기에는 극복하지 못한 채 발병하고 마는 것이다.

한국인의 한(恨)과 화병을 관련지어서 주장하는 학자도 있다.

유난히 수난의 역사로 점철되었고, 특히 한국 여성들의 억압은 그만큼 혹독했기에 한이 많을 수도 있겠다. 한이 많다는 것은 스트레스가 많이 쌓였다는 것이다.

스트레스를 많이 받으면 스트레스 병에 걸린다는 것이 상식화되어 있는 판에 화병이 무슨 문화관련 증후군이라 할 수 있겠는가.

무병(巫病) 같으면 특수하게 취급해도 될 것 같다. 무병이 일어나는 발병 과정과 증상, 그리고 이것을 사람들이 받아들이고 해결해가는 과정이 문화의 속성과 깊이 관련되어 있기 때문에 우리의 특수한 문화와 밀접한 관련이 있다.

화병은 그 증상에 따라 우울이 주요 증상이면 우울증, 자율신경에 주된 증상이 나타나면 정신신체장애와 같은 병명을 붙여도 전혀 무리가 없다. 또한 병을 이해하고 치료하는 데도 아무런 착

오가 없다.

화병이란 민간인들이 자기 병의 요인이 심리적인 데에 있다는 뜻으로 붙인 이름일 뿐, 따로 이 병이 존재하는 것은 아니다.

화병이라고 스스로 생각하는 사람들은 자신의 문제를 주위 사람들에게 비추어보고, 주위 사람들로 하여금 관심과 동정을 받으려는 의존적인 경향이 많다.

'내 속을 좀 알아주오' '이제 병이 들었으니 더 이상 나를 짓밟지 말아주오' 등과 같이 애걸하고 하소연하는 듯한 태도를 화병 환자들에게서 많이 볼 수 있다.

그러므로 환자가 처한 입장에 충분히 공감하는 태도를 취하는 것이 치료에 무엇보다도 도움이 된다.

이들은 자신의 문제를 스스로 풀어갈 만큼 성숙한 심리구조를 갖지 못했다. 그래서 종교 또는 무속에 자신을 맡긴 채 기복신앙적인 태도를 취하면서 살아간다.

화병은 갱년기장애가 대부분을 차지하는 심인성(心因性) 질환이라고 볼 수 있다.

어느 어미새 이야기

현대 산업사회의 특징은 여러 가지가 있지만, 그중 하나는 여성들이 아이를 적게 낳고, 오랫동안 여유있는 시간을 보낸다는 것이다. 대부분 한두 명의 자녀를 두기 때문에 30대 이전에 단산하게 되고, 막내가 학교에 입학하는 시기는 30대 중반이 된다.

뭐니뭐니해도 여성과 남성과 극적인 차이는 역시 아이를 낳을 수 있느냐 없느냐는 점일 것이다. 아이를 낳을 수 있는 능력을 가진 여성이야말로 그 자체가 경이롭고 위대한 일이지만, 그건 또 영원히 여성을 여성으로 머무르게 하는 멍에가 되기도 한다.

작은 소녀가 자라 아리따운 처녀가 되고, 세상의 그 많은 사람 중에서 한 남자를 만나 결혼준비다 신혼여행이다 하던 때가 엊그제 같은데, 어느새 배가 부풀어오르고, 토끼보다도 더 부드럽고 귀여운 아기를 얻게 된다. 아무튼 신혼부부의 90퍼센트는 일 년

이내에 첫아이를 갖는다.

아이가 태어난 뒤로는 밤낮을 잊은 채 기저귀 갈고, 젖 먹이고, 병원에 예방주사 맞히러 다니는가 싶더니 벌써 학교라는 배를 타고 아이가 떠날 준비를 한다. 문득 자녀들이 성장하는 것을 보면서 자신의 나이를 실감케 된다.

첫아이를 입학시킨 엄마들은 행여 아이가 잘못되지 않을까, 정말 잘 적응할 수 있을까 하는 걱정이 이만저만이 아니다. 교실에 들여보내고도 안심이 안 되어 유리창 너머로 몰래 들여다보면서 조바심을 갖는다.

그렇게 품안에서만 놀던 아이가 "엄마 학교 다녀왔습니다"라고 힘차게 인사를 할 때는 이 세상에서 누구보다도 반갑고 흐뭇하다. 이같이 반갑고 흐뭇한 인사말은 없으리라. 이 시기의 엄마들은 온통 만나는 사람마다 아이에 대한 이야기로 시간 가는 줄 모른다.

어린 아이들을 국민학교에 입학시키는 엄마들을 볼 때마다 떠오르는 이야기 하나가 있다.

바다를 메우려 한 어미새

옛날 어미새 한 마리가 있었다. 아기새를 무척이나 사랑하여 언제나 품안에 따뜻하게 품고 다녔다. 비에 젖을세라 바람에 날릴세라 밤낮으로 걱정되었다.

그런데 하루는 어미새가 잠시 졸고 있는 사이, 아기새가 뒤뚱거리며 바닷가로 걸어나가고 있었다.

어미새는 그만 정신이 아찔해졌다. 저 큰 파도에 휩쓸리면 큰

일날 것 같았다.

"아가야! 잠깐만——."

달려가 꼭 붙들고는 야단을 쳤다.

그 후 어미새는 며칠간을 고심한 끝에 절묘한 방법을 생각해내었다.

"저 바다를 다 메워버리면 될 텐데. 그렇게만 하면 내 귀여운 아가는 영원히 물에 빠질 염려가 없겠지."

그날부터 어미새는 바다를 메우기 시작했다. 그 작은 부리로 힘차게 한 알씩 한 알씩 모래를 물어와 바다에 던지고 또 던졌다.

세월이 얼마나 흘렀을까? 어미새는 그만 지쳐 쓰러졌고, 곧 숨을 거뒀다. 그 순간에도 무서운 파도는 옛날과 다름없이 계속 밀려오고 있었다.

아기새는 엄마새를 부둥켜안고 한없이 슬피 울었다.

이 이야기를 통해, 우리 주위에서 흔히 볼 수 있는 어머니들의 두 모습을 본다. 자식을 위해서는 목숨까지도 아끼지 않는 위대한 어머니와 가장 어리석은 어머니의 전형을.

자식을 위해서 목숨을 버리는 어머니의 이야기를 들을 때면 우리는 누구나 감동한다. 바다보다 깊고 하늘보다 더 높다고. 그러나 그 크고 조건 없는 사랑 뒤엔 가장 어리석은 어머니의 모습도 있을 수 있다는 사실을 알아야 한다.

만약 그 어미새가 그 큰 바다를 메울 생각을 하지 않고, 아기새에게 헤엄치는 방법을 가르쳤더라면, 문제는 보다 쉽고 빨리 해결되었을 것이고, 아기새에게 엄마 잃은 슬픔을 안겨주진 않았으리라.

아이를 학교에 보내는 것은 내 곁을 떠나보내는 연습을 하는 것이다. 자녀는 언젠가는 부모 곁을 떠나야 한다. 잠시 혹은 영원히. 그리고 어려운 세상풍파를 혼자서 헤쳐나가야 한다.

엄마 곁을 떠나 아이가 혼자 생활할 수 있을 때 비로소 훌륭한 어머니의 역할을 완수하는 것이다.

우리는 가끔 주위에서 자식을 떠나보내지 않으려는 어머니들을 볼 때가 있다. 간혹 자녀가 커나가는 것을 가로막는 엄마들도 본다. 그러나 자녀교육이란 언젠가 자식을 떠나보낼 준비를 하는 것임을 안다면 훨훨 날아갈 수 있도록, 자식이 원한다면 언제라도 훌쩍 부모 곁을 떠나보낼 수 있어야 한다.

여성의 30대는 인생의 절정기

아이를 학교에 보내고 홀로 집에 머무는 동안 이제부터 자기 시간을 가져볼 필요가 있다.

지금까지 한시도 자신의 곁을 떠난 적이 없던 아이를 학교 선생님에게 잠시 맡겨놓은 동안, 따끈한 차 한 잔 끓여놓고 조용히 앉아, 중년이 오는 소리에 귀를 기울여보라! 그리고 자신의 노년 생활을 한 번쯤 머릿속에 그려보라!

아이는 학교에 가고 남편도 출근한 다음에 오는 정적을 깨뜨려야 한다. 앞으로 남은 사십여 년을 어떻게 보낼 것인가를 바로 이 시기에 준비하지 않으면 춥고 어두운 노후를 맞을 것이 불을 보듯 뻔한 일이다.

여성의 30대는 인생의 절정기이다. 이제 세상물정을 알 만큼 경험도 쌓았고 육체적으로도 완숙한 시기이다. 자신의 개성이 뚜렷해지고, 인생의 좌표가 확실해져야 할 시기이다. 그리고 아직은 연보랏빛 꿈이 있다. 지나온 20대를 되돌아보고, 다가올 40대를 바라보면서 어느 방향으로든 천천히 노를 저어나가야 한다.

중년기의 위기관리

　중년기는 인생의 정점에 있다. 사회적으로나 가정적으로 중추적 역할을 맡고 있고, 위로는 노부모를 봉양하고 밑으로 자녀들을 부양해야 하는 가장 무거운 짐을 진 세대들이다. 또한 가장 행복하고 여유 있는 시기이지만 동시에 희망과 욕망이 끝나는 시기이기도 하다.
　이러한 중년기에는 누구나 위기감을 경험한다. 크든 적든 여러 가지 신체적, 심리적 변화에 직면하게 되므로 당연히 위기감을 경험할 수밖에 없다.
　지나간 세월이나 현재의 삶이 만족스럽지 못할 때 이러한 위기감은 더욱 커지는데, 실망감, 후회감, 허탈감, 초조감 등 부정적 감정이 주로 나타난다.
　중년 여성의 경우 중년 남성보다 위기감이 두 배 정도 크다고 한다. 여성들은 스트레스를 많이 받기 때문에 위기감이 크기도 하지만 스트레스를 말로써 표현하기 때문에 더욱 그러하다. 자신이 젊고 건강하다고 느끼는 여성일수록 중년기의 위기감을 적게 느낀다.

여성이 먼저 느끼는 중년의 위기감

여성의 경우 자신의 역할 변화에 대한 적응의 문제가 발생한다. 특히 자녀나 남편과의 관계에서 거리감이 생기는 시기이므로, 지나치게 모성애 중심으로 살아왔거나 남편만 바라보고 살아온 여성들은 공허감에 빠질 수밖에 없다.

남성들 또한 40~45세 사이에 자신의 인생을 회고하면서 정서적 갈등을 겪게 된다.

중년기에는 사회활동비나 자녀양육비가 가장 많이 드는 시기이므로 경제적인 부담이 증가하여, 경제적으로 어려움이 있을 때에는 자연히 위기감도 증가하게 마련이다.

이러한 공허감이나 위기감을 종교적인 활동을 통해서 해결하려는 사람들이 많아지는 현상도 중년기에 흔히 볼 수 있다.

실제로 종교는 삶의 목표를 재정립해주고 개인과 사회를 연결시켜주는 징검다리 역할을 하여, 실존위기를 극복할 수 있는 긍정적인 효과가 있다. 그러나 일부 불안정한 사람들은 사교나 미신에 광신적으로 빠져들어 패가망신하는 경우도 종종 있다.

자녀들이 한 명씩 독립해 나갈 때 부모의 책임을 무사히 마쳤다는 안도감이나 성취감 또는 해방감이 들기도 하지만 자녀들이 잘 살 수 있을지 염려하는가 하면, 빈 둥지에 남아 있는 어미새처럼 허탈감에 빠지기도 한다.

특히 자녀를 한 명밖에 두지 않은 경우 여러 명의 자녀를 차례로 내보내는 것보다 훨씬 더 큰 상처를 받게 된다. 한 명인 경우 한꺼번에 전부를 잃는 것같이 느껴지기 때문일 것이다.

여성들은 아내가 되고 어머니가 되면서 자신의 심리적 안정이 유지되다가 십 년 정도 세월이 흐른 뒤에 자신의 삶에 의문이 제기된다.

'나는 누구인가' '나는 무엇을 할 수 있는가' '어떻게 다시 시작할 수 있을까' 등 청소년기에 겪었던 고뇌와 비슷한 심리적인 갈등을 겪게 된다. 특히 고학력 여성들이 자신의 능력을 발휘하지 못하고 그냥 묻어두었을 때 이러한 갈등은 더욱 심해진다.

남성들은 자신의 직업이나 인생을 설계할 때 비교적 독립적이고 자율적으로 추구하기 때문에 여성들보다 후회가 적다고 볼 수 있다.

자신의 가치를 여성다운 외모에 지나치게 치중하고, 삶의 의미를 온통 어머니 역할과 관련지어 살아왔던 여성일수록 폐경에 따른 여러 가지 정신적인 문제가 많이 오고, 심한 경우에는 갱년기 우울증에 빠지기도 한다.

중년의 위기를 통해 열리는 새로운 세상

남편의 직업에 따라 중년 아내가 겪는 위기감도 차이가 있다. 우리나라 도시 중산층 여성들은 남편의 직업에 대해서 25퍼센트가 불만을 갖고 있는데, 남편이 전문직에 종사할수록 위기감이 적다고 한다. 또한 남편이나 자녀관계가 만족스러울수록 위기감은 적다.

중년기의 위기감이 꼭 부정적인 것만은 아니다. 이러한 위기감을 통해서 자신의 인생을 보다 진지하게, 보다 깊이 있게 살아갈 수 있는 계기가 된다.

중년기는 인생의 결실기이자 황금기이다. 대체로 성공한 사람들은 중년기를 잘 보낸 이들이다. 젊은 시절 열심히 살아왔던 사람들도 이 중년기를 잘못 보내면 완전히 인생을 망치고 만다. 가을에 많이 수확한 사람은 추운 겨울을 걱정할 필요가 없듯이 중년기를 알차게 보낸 사람들은 여유있고 안락한 노후를 맞이할 수 있다.

하나의 여성이나 남성으로서의 삶이 아니라 독립된 인간으로서의 성공된 삶이 무엇인가를 생각하며 중년기를 보낸다면 후회없는 인생이 될 것임에 틀림없다.

중년기의 위기는 청년기와 노년기를 잇는 다리 역할을 한다. 이 위기를 통해서 새로운 세계가 열리고, 시간의 소중함을 깨닫고, 추수하는 마음으로 세상을 살아가게 된다.

이제는 힘이 아니라 지혜로써, 단순한 호기심이 아니라 축적된 경험으로써 세상을 바라보고 살아갈 시기이다. 앞만 보고 뛸 것이 아니라 이제 정상에서 서서히 하산준비를 해야 할 시점임을 자각하고 주위의 쓰레기를 주워담을 때이다.

일생 중 안정이 가장 두드러진 시기는 40~50대이고, 35~49세 남성들이 가장 행복한 시기라고 한다. 바로 이 시기에 노후에 꼭 필요한 경제적인 문제, 건강문제, 고독을 극복하기 위한 적당한 일거리를 마련해두어야 한다. 이러한 준비를 통해서 우리는 넉넉한 마음을 갖게 되고 허허롭지 않은 노후를 맞이할 수 있다.

위기는 언제나 새로운 기회를 제공한다. 중년의 위기 또한 보다 심오한 인생의 관문을 통과하기 위해 치러야 할 의식인 것이다. 마치 청소년기의 아픔을 통해서 보다 성숙한 마음이 되듯이.

여자나이 35세의 의미

　어느 시인은 여성의 30대를 '가꾸는 시기'라고 했다. 20대에는 자기 인생의 씨앗을 뿌리고, 30대에 열심히 그것을 가꿔나간다는 뜻이리라.
　중년은 언제부터 시작되는 것일까?
　중년이 시작되는 나이를 30대부터라고 주장하는 사람도 있고 40대부터라고 말하는 사람도 있지만, 35세쯤 되는 여성이면 중년 여성이라고 해도 기분 나쁘게 받아들이지는 않을 것이다. 대체로 30대 이전에 출산을 마치기 때문에 자녀가 벌써 학교에 가는 시기가 되었을 것이고, 자기 인생의 윤곽이 어느 정도 잡혀 있을 때이다.
　물론 중년이란 개념을 꼭 나이로만 규정지을 순 없다. '나도 인생의 반은 살았구나' '나도 인생을 잘 마무리해야겠다' '내가 정말 인생을 가치있게 살고 있는가' 하는 물음과 반성이 마음속에서 일어난다면, 벌써 중년이 시작되고 있는 것이다. 여성의 35세는 그런 의미에서 큰 전환점이 된다.

여성을 여성답게 하는 것

성(性)심리에서는 여성의 일생 중에서 성적 욕구가 가장 강렬하고 활발한 때를 평균 35세로 본다. 그 이유는 이제 육체가 무르익을 대로 무르익고, 성경험도 풍부하고, 마음의 여유도 생겼기 때문이라는 것이다. 성생활도 훈련의 결과라고 볼 때, 이쯤되면 충분한 훈련을 쌓았다고 할까.

또 여자나이 35세는 여성 호르몬인 에스트로겐의 양이 서서히 떨어지기 시작하면서 건강에 영향을 미치는 시기이다. 에스트로겐은 단순히 생리를 조절하는 성호르몬의 역할만을 하는 것은 아니다.

물론 그 주된 역할은 자궁내막을 튼튼하게 하여 임신을 가능하게 하고 생리주기를 조절하는 것이지만, 여성의 피부를 부드럽고 탄력있게 만들고, 가슴과 엉덩이를 부풀게 하고, 혈관을 튼튼하게 하며, 뼈에 칼슘 같은 영양분을 공급해주는 역할도 한다.

또한 통증을 없애주는 진통제 역할도 하고, 편안한 수면을 취하게도 하며, 기분을 안정시키고 우울증을 해소하는 기능도 동시에 가지고 있다. 따라서 여성의 정신적 육체적 건강에 절대적인 영향을 미치고 있는 것이 이 에스트로겐이라는 호르몬이다. 한마디로 여성의 몸과 마음을 여성답게 만들고 조절하는 기능을 가지고 있다 하겠다.

생리기간 중에 나타나는 생리통과 생리 전후 우울증, 폐경증후군, 갱년기 우울증, 폐경기의 정신적 육체적 고통 등은 바로 이 에스트로겐의 양이 급속하게 떨어지는 데서 오는 대표적인 증상들 중의 하나이다.

흔히 여성의 특성을 말할 때 변덕이 심하다느니, 여성의 마음은 갈대와 같다느니, 히스테리가 심하다느니 하는 것도 매달 맞이하는 생리주기에 따라 변하는 이 에스트로겐의 양과 결코 무관하지 않다.

원래 히스테리란 말은 그리스어로 자궁이란 뜻이다. 고대 그리스에서는 여성들이 히스테리 즉 신경질을 잘 부리고, 변덕이 심하고, 정신적인 이상이 발생하는 것을 자궁이 습기를 찾아 왔다 갔다하기 때문에 일어난 현상으로 생각했다. 그래서 히스테리가 심하여 정신병이 생긴 여성들은 가랑이 밑에 불을 지펴 습기를 제거하는 치료법을 이용했다.

지금 생각하면 우습지만 중세까지만 해도 이러한 이론이 지배적이었고, 히스테리가 남성들에게도 생긴다는 사실(프로이트가 이미 주장했지만)은 2차대전 이후에야 겨우 받아들여졌다. 중국의 고서 《금궤방론(金潰方論)》에도 '자궁허혈에 의한 정신장애'라고 여성의 히스테리를 설명한 걸 보면 동서양이 비슷한 생각을 가지고 있었던 것 같다.

이와같이 여성의 전유물처럼 되어버린 히스테리는 이 에스트로겐의 기능과 역할이 큰 영향을 미친다. 아무튼 여성호르몬의 기능을 모르고서는 여성의 특성을 올바로 이해한다고 볼 수 없다.

향긋한 매력을 지닌 30대

대부분 남성들은 아직까지도 탄력있는 피부와 싱싱함을 유지하고 있는 30대 여성들에게 호감을 가지고 있다. 30대 여성들은 알맞게 익은 과일처럼 향긋한 매력을 지녔다고들 한다. 반면에 20대 여성은 여러 면에서 아직은 설익은 느낌을 준다.

30대 이전까지는 깊이 생각하지 않고 먼저 행동으로 옮기려 하지만, 30대 이후에는 뭔가 깊이 생각하게 되고 자기 자신을 추스릴 줄 알게 된다.

예를 들면, 옷을 살 때도 20대에는 사고 싶은 충동이 일어나면 앞뒤 안 가리고 우선 사놓고 보지만, 30대가 되고 나면 경제적인 여건도 고려하고 집에 있는 블라우스와 잘 어울릴까도 생각하면서, 보고 또 보고 조목조목 따져보고 나서야 결정을 한다.

전후(戰後)세대들인 이들은 진취적이고 자의식 또한 강하다. 개성이 있고 자신만의 독특한 색깔을 지니고 있다. 교육을 많이 받고 감수성이 예민한 시기인 청소년기부터 매스컴의 영향을 많이 받아 사고의 전반적 흐름이 서구화되어 있고 민주적이다.

여자나이 35세가 되면, 자신의 내면에서 들려오는 소리에 귀를 기울이게 되고 신체적인 변화에도 민감해진다. 이쯤되면 세상 돌아가는 이치도 어느 정도 알게 되고, 자기 자신을 포기할 줄도, 가꿀 줄도 알게 된다. 그리고 조용히 중년의 의미를 생각할 때다. 남편과 자녀, 여러 친척들과의 조화로운 인간관계를 통해서 자신의 삶을 확인하고 갈등을 해소하도록 노력해야 할 나이이다.

진정한 삶의 의미와 자아실현 문제를 한 번쯤 생각하게 되는 시점. 그런 의미에서, 여자나이 35세는 인생이라는 마라톤 코스에서 반환점을 돌고 있다는 자각이 필요한 시기이다. 정신없이 앞만 보고 산을 오르다가 이제 정상이 가까워 잠시 땀을 식히고 산 아래를 굽어보면서 내려갈 시간도 생각해보는 그런 시점이다.

추수하는 40대

　고정희 시인은 그의 〈40대〉라는 시에서 쭉정이든 알곡이든 거 둬들이는 추수기라고 40대를 노래했다.
　20∼30대를 휘저어 40대에 이른 여성들은 무엇보다도 세월의 빠름을 자각하게 된다.
　마음은 10대 같은데 벌써 40대라니, 설렘과 연보랏빛 꿈은 아직도 가슴 한구석에 남아 있는데, 눈가에 잔주름이 완연해지고, 검은 머리칼 속의 새치는 이제 감출 수 없게 되어버렸다.
　누가 그랬던가. 세월은 자기 나이만큼의 빠르기로 흘러간다고. 남편은 이제 직장이나 사회에서 중추적 위치에 있어 밤낮없이 바쁘게 살아가기에 이젠 기다리기도 지쳐버렸다. 새벽같이 나갔다가 한밤중에야 돌아오는 요즘 아이들. 아이들은 아이들대로 힘들어한다.

점심 때는 그럭저럭 지나간다. 그러나, 저녁식사 시간에 덩그러니 혼자 앉아 숟가락을 들면 그나마 조금 있던 입맛은 싹 가셔버리고, 진한 공허감이 온몸을 휘감는다. 뭣하러 그렇게도 바쁘게 살아왔던가. 한숨이 절로 나온다. 지금부터라도 나의 생활을 찾아야겠다. 이제 얼마 있지 않으면 애들도 모두 내 곁을 떠나겠지.

그러나 막상 나서보면 무엇을 어떻게 해야 할지 막막하다. 궁리 끝에 남편에게 도움을 청해보지만, '하루종일 집안에 편히 있으면서 무슨 근심걱정이 있느냐'고 고무다리 긁는 식의 답변을 한다. 아무리 둘러봐도 채워지지 않는 이 여백은 그대로 남아 있다.

30대 때는 남편에게 온통 매달려 처음부터 끝까지 모든 걸 해결해주기만을 바랐지만, 이제와 생각해보니 남편은 어디까지나 나의 일부일 뿐이다. 잊어버렸던 친구에게 연락도 해보고, 지루한 시간의 여백을 메워줄 곳은 없을까 찾아나서기도 한다. 거리로 나와보고, 계모임에도 나가보고, 취미생활이나 봉사활동에도 기웃거려본다. 더 늙기 전에 나를 위해서 뭔가 해야겠다. 직업을 가져볼까. 공부를 해볼까. 어디 좀 화끈한 일은 없을까. 화장도 진하게 해보고, 멋지게 옷도 한번 입어본다.

건강도 예전 같지 않다. 머리가 아플 때도 있고, 잠이 안 올 때도 있다. 얼굴도 화끈거리며 숨이 답답하고 조금만 움직여도 피로에 지치고 만다. 막내를 바라보며 저 애까지는 키워놓고 죽어야 할 텐데, 갑자기 불쌍한 생각이 들기도 한다. 허겁지겁 뛰는 남편을 보면서 문득 남편의 건강이 나빠지면 어떡할까 걱정이 된

새로운 인생을 시작하는 중년 여성

다.

40대 여성들은 50대에 비해 해방 이후에 태어나서인지 훨씬 개방적이고 진취적이다. 50대 여성들은 유교적인 사고의 틀 속에 사는 편이지만, 40대에서는 비교적 자주적이고 남편과 대등한 위치에 서려는 경향이 두드러진다.

그래서인지 그저 가만히 앉아서 기다리지만 않고 홀로서기 위한 자구책을 찾아나선다. 자녀들을 떠나보낼 마음의 준비도 하고, 남편만 바라보던 30대에서 벗어나 이제 노후를 생각하며 조용히 자신의 자화상을 그려본다.

목적이 생기면 새로운 활기를 얻는다

43세의 K여사는 2남 1녀의 어머니이다. 막내가 중학교에 입학하고 나서부터 온종일 집에 있기가 너무도 지루했다. 어떻게 남아도는 시간을 보낼까. 생각 끝에 전부터 관심이 있던 일본어 공부를 시작했다.

3년간 학원을 다니다보니 싫증이 났다. 그러면서 점점 생활은 무료해지고 공허한 마음이 다시 고개를 들었다.

무슨 좋은 방법은 없을까. 생각 끝에 정신과를 찾았다. 몇 차례 상담하는 동안 자신이 목적의식 없이 그저 단순히 시간 때우기로 생활해왔음을 깨달았다.

더 일본어를 공부해서 최소한 관광 가이드, 아니면 일본문학서적을 번역하겠다는 결심을 하고부터 새로운 활기를 얻게 되었다. 부인은 자신의 번역서를 가지고 다시 찾아오겠다는 약속과 함께 밝은 표정으로 돌아갔다.

어떤 40대 여성들은 자신의 공허감과 남아도는 시간을 주체하지 못하고 끙끙대다가 결국 병이 나서 이 병원 저 병원 돌아다니는 경우도 있다.

자신이 곧 죽지 않을까, 몹쓸 병에 걸리지 않았을까 하는 죽음에 대한 공포와 건강염려증에 시달리기도 한다.

우리나라 여성의 폐경은 평균 48세이다. 여성 호르몬은 여성의 몸과 마음을 활기차고 부드럽게 하는 윤활유이다. 기분도 좋게 하고 잠도 잘 오게 하며, 뼈도 튼튼하게 만드는데, 여성 호르몬이 떨어지니 짜증스럽고 불면이 오고 온통 뼈마디가 아파올 수밖에. 자율신경이나 열중추가 흥분하여 뜨거운 열이 얼굴로 치솟는다.

이와같이 정상적인 생리현상을 질병으로 오인하여 소위 '독터 쇼핑'하는 경우도 많다. 또 어떤 여성들은 자기 자신의 자아실현에 대한 실패를 자녀들에게서 보상받기 위해, 오직 자녀의 성적에 매달려 자녀들의 성적이 조금만 떨어져도 병이 나고, 대학시험에 실패했다 하면 당사자보다 먼저 병원을 찾아온다. 대체로 첫아이 대학입시 실패에 큰 좌절을 맛보는데 그 나이가 40대이다.

또 소수지만 이기주의적이고 향락적인 생활로 마치 불나비처럼 자신을 파멸의 길로 몰고가는 경우도 있다. 마지막 젊음을 불태우기라도 하듯 앞뒤를 가리지 않고 감정의 노예가 되기도 한다.

40대를 잘 보내야 노후를 잘 보낼 수 있다. 40대에 추수를 잘해야 춥고 배고픈 노년을 보내지 않는다. 40대 여성은 이제 자신의 삶을 되돌아보고 뭔가 새로운 마음 가짐으로 내일을 설계해야 할 시기이다.

화목한 가정생활이 행복의 지름길

　현대인들의 삶의 목표는 어떻게 하면 삶의 질을 높일 것인가, 행복하게 살 것인가에 맞춰져 있다. 그저 먹고 자고 애 낳아 기르는 동물적인 삶이 아니라 보다 풍요로운 가운데 어떻게 하면 더 멋지게 여가를 즐길 것인가로 향한다.
　인간의 욕구는 무한대이다. 배고플 땐 아무거나 배불리 먹으면 모든 것이 해결될 것 같다. 그러나 막상 배가 부르고 나면 맛있는 것만을 골라 먹고, 더 나은 것만을 찾는 인간의 마음은 끝이 보이지 않는다.
　그래서 어느 스님은 무소유를 마음을 다스리는 비법으로 제시했으리라. 아무리 물질이 풍요로워도 마음에서 느껴지는 행복감을 다 채울 수는 없다.
　세계에서 사회보장제도가 가장 잘 되었다는 노르웨이, 스웨덴,

덴마크 등 북구라파 여러 나라의 자살률이 가장 높다는 사실은 경제적 풍요나 사회복지제도가 한 개인의 욕구를 충족시키는 데 실패했음을 보여주는 한 예이다.

집을 사고 나면 차를 사야 되고, 구입해야 할 물건의 목록이 자꾸 늘어가기만 하니, 돈은 옛날보다 더 많이 벌어도 부족하기는 매한가지다. 무슨 신상품은 그리도 많이 쏟아지는지 텔레비전을 보고 있으면 정신이 온통 헷갈릴 지경이다.

정신과 병원을 찾는 중년여성들 중에는 생활고에 찌들린 사람들도 있지만, 경제적으로 사회적으로 남부럽지 않은 수준에 있는 사람들도 많다.

왜 이들은 '가진 자'이면서도 고민과 갈등에 시달리는 것일까? 무엇 때문에 의사의 도움을 받을 만큼 마음이 병들었을까? 보는 사람의 관점에 따라서 그 원인은 달리 파악될 수 있을 것이다.

여자 팔자는 뒤웅박 팔자

사회학적인 관점에서 보면 사회제도적인 모순이나 갈등이 문제의 근원이라고 풀이할 터이지만 개별적으로 한 사람씩 만나보면 그 개인에게 문제가 있다는 사실을 발견하게 된다.

인간은 환경의 지배를 받는 동물이다. 그 중에서도 가장 큰 영향을 받는 것은 가정환경 특히 부모들의 양육태도이다. 인간의 행불행은 바로 이 가정에서부터 출발한다. 특히 어린 시절 가정환경이 어떠했는가, 즉 부모들에게 사랑을 충분히 받고 화목한 분위기에서 자랐는가, 형제자매들과는 어떻게 지냈는가, 경제적 문화적 혜택은 충분히 받았는가 등에 따라 지능이나 성격이 달라진다.

또한 학교생활에 적응은 잘 했고, 교우관계는 원만했으며, 청소년기의 여러 가지 갈등들은 원만히 해결되었는지에 따라 개인의 행불행이 크게 좌우된다.

물론 성장한 뒤 예기치 못한 불행을 당했다거나, 배우자를 잘못 선택했다거나 하는 변수가 얼마든지 있을 수 있다. 특히 우리나라 속담에 '여자 팔자는 뒤웅박 팔자'라는 말이 있듯이 여자는 어떤 남자를 만났느냐에 따라 인생행로가 달라진다. 그것은 한마디로 남성이 지배하는 사회라는 것을 의미한다.

중년 여성의 문제는 이러한 불평등한 사회구조에서 비롯하며, 이 시기는 이에 대한 반발과 갈등이 증폭되는 시점에 있다.

최근 대법원 통계에 의하면, 우리나라에서 1985년부터 이혼을 청구하는 여성들이 늘어나기 시작해, 1992년에는 여성들의 이혼 제기률이 55퍼센트로 남성을 앞지르고 있다고 한다.

과거에는 여성들이 남성우위의 가부장적 제도하에서 가슴에 한을 품은 채 억눌려 지내왔다. 그러나 이제는 더 이상 참을 수 없다는 의식이 확산되면서 남성들의 운신의 폭이 자꾸만 좁아지는 추세이다.

그것은 부자 중심의 대가족제도가 무너지고 부부 중심의 핵가족으로 이동하면서 새로운 가정질서가 편성되는 과도기를 거치고 있다는 증거이다.

부부사랑 중심의 핵가족 하에서는 남편들의 기득권이 해체되고 아내들의 발언권이 강화되면서 남녀가 대등한 위치에 서게 된다는 것을 의미한다.

이러한 변화에 가장 큰 기여를 한 것은 역시 경제발전과 여성의 교육향상이다. 누구나 쉽게 돈을 벌 수 있게 되었고, 재혼도 쉬워진 자유로운 사회로의 진입이다.

남성을 보는 안목을 기르자

비교적 신세대들은 친구처럼 대등한 위치의 부부관계가 성립되어 있다. 그러나 중년 부부들은 아직도 남성우위만을 고집하는 남편으로 인한 부부갈등이 많다.

중년 이후의 이혼도 증가일로에 있다. 마케팅조사기관인 동아리서치는 최근 서울에 사는 30~60세 주부 240명을 대상으로 조사한 결과 '지금 결혼한다면 지금의 남편과 결혼겠느냐'는 질문에 54.6퍼센트가 다른 사람과 결혼하겠다고 응답하였다. 이러한 응답은 교육수준이 높고 부부대화가 적은 사람일수록 높았다. 물론 이들이 모두 이혼하겠다는 뜻은 아닐 것이다.

이혼을 꿈꾸는 중년 여성들이 이를 행동에 옮기지 못하는 이유는 역시 자녀들 문제가 가장 크다. 모성애 때문에 아이들이 불행해지는 것을 원치 않는다는 것이다. 그러나 확실한 것은 자녀들에게 부모가 원수같이 싸우는 것만을 보여주는 것보다 더 큰 마음의 상처는 없다는 사실.

우리 사회는 결혼했다 하면 여성들이 피해자가 되기 쉽다. 신혼여행 떠날 때는 신랑이 가방을 들고 나서지만, 돌아올 땐 신부가 끙끙대며 들고 들어온다는 우스갯소리는 결혼의 불평등을 단적으로 나타낸 말이다. 그러므로 여성들이 행복해지기를 바란다면 결혼 전에 보다 정확하게 남성들을 볼 줄 아는 안목을 기르라고 권하고 싶다. 남성심리에 대한 책도 많이 읽고 적극적인 자세로 이성교제도 하면서 경험을 쌓는 것이 중요하다.

남성들의 달콤한 말소리에 현혹되지 말고 그 이면에 숨겨진 의도를 꿰뚫어볼 수 있는 눈을 가질 때 남편 때문에 불행해지는 것을 최소화할 수 있다. 자신이 자기 삶의 주체가 되기 위해서는 청소년기가 끝날 무렵엔 이성관이 확립되어 있어야 한다.

인생을 소설같이 가볍게 생각하지 말자. 사람들은 남의 불행을 한낱 구경거리로 삼을 뿐이다.

삶의 질을 높이고 행복해지는 가장 손쉬운 방법은 화목한 가정 환경을 만드는 것이다. 가정에 어두운 그림자가 드리워져 있다면 밖에서 아무리 즐거운 시간을 보냈다 하더라도 그건 한순간 공허한 마음일 뿐이다. 내 집 말고 편안히 쉴 곳이 도대체 어디에 있단 말인가.

겨울이면 깊어지는 우울증

　43세의 Y부인은 3년 전부터 10월만 되면 의욕이 상실되고 식욕이 없어지며 무기력해지는데, 겨울이 깊어갈수록 증상은 심해지고 구정 무렵이면 명절 준비도 못 할 정도가 된다.
　공무원인 남편은 더할 나위 없이 잘해주고, 애들도 나무랄 데 없어 신경쓸 일도 없는데, 매년 이런 증상으로 시달리니 정말 귀신이 곡할 노릇이라는 것이다.
　이 부인의 병명은 계절성 우울증이다. 가을을 탄다고나 할까. 다시 말하면 가을철에 우울증상이 나타났다가 이듬해 봄엔 자연 치유되는데, 주로 사계절이 있는 지역에서 발생하고 일조량이 적어지는 것과 관계가 있다.
　즉 햇볕 쪼이는 시간이 짧아지면, 뇌의 송과체라는 곳에서 멜라토닌이라는 호르몬의 분비가 적어져 생체 리듬이 변화를 일으키고, 이에 대한 반응으로 우울증이 발생하는 것으로 알려져 있다. 일조량이 적어지는 가을에 시작하여 겨울을 지나고 따뜻한 봄이 오면 동면에서 깨어난 곰처럼 점점 활기를 얻고 의욕을 찾게 된다.

우울증 하면, 흔히 속상한 일이 있거나 충격을 받았을 때에만 주로 생긴다고 널리 알려져 있지만, 이러한 내분비계통의 변화가 우울증에 직접 관련된다는 사실은 최근에 입증된 것이다.

그래서, 이러한 환자들에게는 맑은 공기를 쏘이고 햇볕을 충분히 쪼이게 하는 것이 치료에 도움이 된다. 실제로 실내조명의 5배 밝기인 햇볕과 비슷한 형광등 아래서 매일 2~3시간씩 있게 하면 우울증이 몰라보게 호전된다는 사실이 밝혀졌다.

또한 계절성 우울증 환자들은 항우울제에도 극적인 치료효과를 나타내기 때문에 흔히 명의 말을 듣는다.

맑은 공기와 햇볕은 육체적인 건강에만 도움이 되는 것이 아니라, 정신건강에도 필요불가결하다는 사실을 알아야 한다. 일조량이 적은 겨울철일수록 바깥에서 활동하는 것이 건강을 유지하는 데 아주 중요하다.

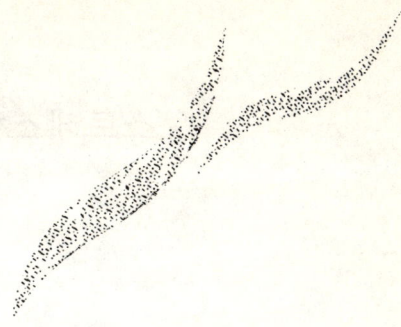

제4부
스트레스, 어떻게 다스릴 것인가

스트레스란 무엇인가?

　원래 스트레스라는 용어는 라틴어에서 유래된 말로, 오래 전부터 영어권에서는 인간의 경험이나 행동을 기술하는 일상적인 용어로 사용되어 오다가 17세기 이후 과학이 발달하면서 그 뜻이 조금씩 달라지기 시작하였다.
　17세기에는 어려움, 곤란, 역경, 고생 등을 의미하다가 18세기에 접어들어 힘, 압력, 물리적 압박이나 강한 효과를 나타내는 용어로 의미가 바뀌어졌다.
　19세기에는 과학이 더욱 발달하여 물리적 대상, 인간의 신체기관이나 정신력에 영향을 주는 외적 힘에 대응하여, 원래의 상태로 되돌아가려고 하고 통합을 유지하려는 힘이 바로 스트레스라고 그 의미가 확대되어 물리학이나 공학의 용어가 되었다가, 오늘날과 같은 의미의 의학용어로 도입된 것은 20세기 중반이었다.

즉, 스트레스란 생물의 항상성(恒常性;Homeostasis;생물체에는 외부의 힘에 대한 반응으로써 원형을 유지하려는 경향이 있다는 캐논의 학설)을 방해하는 육체적, 정신적, 사회적 자극에 대한 모든 생물학적인 반응을 말하며, 이 반응이 부적당할 때는 질병을 일으킬 수 있다는 것이다.

외적 요인에 대한 신체반응

원시시대의 인간은 초원을 거니는 동물처럼 유유자적하게 생활하다가 힘센 동물이 나타나거나 위험에 처했을 땐 도망을 치고 해볼 만한 상대가 나타났을 때는 싸우는 극히 동물적인 대응을 해왔다. 오늘날 문명은 달라졌을지라도 그 내부의 신체반응 자체는 옛날처럼 내적인 투쟁과 도피상황으로 인식하게 된다.

동물들이 적과 싸우기 위해서는 의식이 명료해지고 근육에 힘이 들어 있어야 한다. 그렇게 하기 위해서는 두뇌에 혈액순환이 많아져야 하고 근육에 피가 몰려야 되기 때문에 심장은 빨리 뛰고 호흡은 가빠지며 내장에 있는 혈관을 수축시켜야 한다. 즉 몸의 기능이 활성화되는 것이다.

현대생활에서 흔히 마주치는 상황으로 택시를 잡으려고 허둥대든지, 입학시험이나 취직시험을 보러 갈 때, 다른 사람과 다툴 때, 끔찍한 사고에 접했을 때에 바로 투쟁에 대한 신체반응이 나타난다.

소위 후기 산업사회의 특징인 기술의 고도화, 수송의 고도화, 도시의 대형화, 교육의 대중화가 이루어지면서 인간관계는 아주 복잡하게 엉켜 있고, 치열한 생존경쟁에 휘말려 있으며, 정보의 홍수, 공해와 교통난, 급변하는 사회질서, 물질에 의한 삶의 추구 등 모든 긴장된 생활이 스트레스 요인으로 작용하고 있다.

인간의 신체내부장기의 기능을 조절하는 것은 자율신경계에 의해서이다.

자율신경계는 흔히 내장신경이라고 불리며 교감신경과 부교감신경으로 나누어진다.

교감신경은 비상사태에서 작동되는 신경으로 장기를 활성화시켜 투쟁이나 경쟁에서 이길 수 있는 전투태세의 신체조건을 만드는 반면, 부교감신경은 신체장기의 기능을 안정시키고 억제해서 교감신경의 흥분을 가라앉히는 회복기의 신경 즉 휴식상태를 유지시키는 신경이다.

그래서, 교감신경이 흥분되어 있을 때는 의식이 명료해지고 예민해지며 긴장과 흥분이 가라앉지 않아 잠을 이룰 수 없게 된다. 입맛을 잃고 목이 타고 가슴이 두근거리며 가슴이 답답하고 숨쉬기가 곤란하며 몸이 쉽게 피곤해진다. 부교감신경이 작동되어 신체가 안정상태에 들어가면 긴장이 풀어지고 식욕이 일어나고 안락감을 느끼며 편히 잠잘 수 있게 된다.

신경이란 우리 몸에서는 유선통신에 해당되고 호르몬은 무선통신에 해당되는데, 자율신경계의 중추를 맡고 있는 시상하부라는 곳은 뇌하수체를 통해서 인체의 모든 호르몬을 조절하고 있다. 즉 사령관격인 시상하부에 의하여 자율신경과 뇌하수체 호르몬이 신체기능을 조절하고 있는 것이다.

그래서, 신체기능을 원활하게 하기 위해서는 자율신경과 호르몬의 기능을 정상화시키는 것이 필수적인 조건인데, 그렇게 하기 위해서 시상하부를 달래주어야 한다.

　시상하부는 뇌의 깊숙한 중앙부에 자리잡고 있는 5그램 정도 무게로 엄지손톱 크기의 뇌로서, 정신과 육체를 연결시키는 고리 역할을 하고 있다. 자율신경중추뿐만 아니라 식욕과 성욕의 중추가 있는 동물적인 뇌라고 할 수 있으며 인간의 감정상태를 담당하는 곳이기도 하다. 본능적이고 쾌락추구적인 행동을 하는 것이 시상하부를 만족시키는 방법이라고 할 수 있다.

　그러나, 이 시상하부는 인간의 높은 정신상태를 나타내는 대뇌피질의 이성과 도덕률에 의해서 지배를 받고 있기 때문에 욕구충족은 그렇게 간단하지가 않다.

　식욕을 충족시키기 위해서 열심히 일을 하여 돈을 벌지 않으면 안 되고, 성욕을 채우려면 사회가 허용하는 범위 내에서 절제된 생활과 조건을 갖추지 않으면 안 된다.

　또한 경쟁에서 살아남기 위해서는 상대방을 속으론 미워하면서도 겉으론 미소를 짓는 등 가면을 써야 되고, 가능한 한 적을 적게 만들어야 안전한 생존이 가능하기 때문에 극도로 자신을 통제하지 않으면 안 된다.

　바로 이 감정의 억제, 위장된 감정 등이 신체기능을 병적으로 만드는 데 가장 큰 기여를 하고 있다.

　그래서, 온도변화나 공해 등과 같은 물리화학적 스트레스나 굶주림이나 과로 같은 육체적 스트레스보다도 인간관계의 갈등이나 욕구불만에서 오는 정신적 스트레스가 현대인들에게는 가장 큰 문제가 된다.

스트레스는 현대병의 주범

정신의학에서는 스트레스를 '생활의 변화로 정신생리적 안정이 깨진 상태'라고 규정하고 있는데, 이 스트레스에는 삼단계가 있다.

먼저 첫번째 단계로 외부의 자극이 인간에게 가해지면 긴장과 동시에 교감신경이 흥분되어 스트레스 호르몬이 분비되면서 심장이 빨리 뛰고, 혈관이 수축되면서 혈압이 급격히 상승한다. 이때에 혈압을 재면 평소 정상혈압을 가진 사람도 고혈압을 나타낸다. 신체적 고통과 불안이 심한 상태로 스트레스 초기에 나타나는 일종의 경고기라고 할 수 있다. 경고기는 한 시간에서 마흔여덟 시간 이내에 나타나는 스트레스 반응으로, 경고기 이후에도 스트레스가 계속되면 스트레스에 저항하는 신체반응이 나타난다.

두 번째 단계인 이 저항기에는 부신의 기능이 활성화되어 혈당이 증가하고 감기에 걸려도 잘 낫지 않는 등 염증반응이 잘 없어지지 않으며, 흉선의 기능이 저하되어 T임파구가 감소되고 면역계의 기능이 전반적으로 억제됨으로써 모든 질병에 걸리기 쉽고 만성피로에 시달리게 된다. 한마디로 몸이 쇠약해지는 것이다.

마지막 단계는 탈진기로써, 장기간 극도의 스트레스가 계속되어 자가면역체계가 무너져 암과 같은 불치의 병이 발병하여 결국 사망에 이르는 시기를 말한다.

어떤 학자들은 노화로 사망하는 것도 일생동안 스트레스가 축적된 결과로 보는 사람이 있을 만큼 스트레스는 현대의학에서 질병의 원인을 설명하는 병인론(病因論)으로 가장 폭넓은 지지를 받고 있으며, 현대병의 모든 원인은 스트레스가 관여하지 않는 곳이 없을 정도이다. 특히 성인병은 거의 모두 스트레스가 직접적인 원인이 되고 잇다.

결론적으로, 스트레스는 자율신경계, 호르몬을 담당하는 내분비계, 자가면역체계의 기능을 변화시켜 '신체항상성'을 무너뜨리고, 지속적인 스트레스 하에서는 만병의 근원이 되는 현대병의 주범이라 할 수 있다.

스트레스와 질병과의 관계

　스트레스 학설을 최초로 주창한 캐나다의 한스 셀리에 박사는 유기체에 추위나 굶주림, 정신적 고통 등의 위해한 자극이 가해지면, 그것이 스트레스로 작용해 부신이 커지면서 혈압이 상승하고 혈당치가 올라갈 뿐만 아니라 위나 십이지장에 궤양이 생기고 면역을 담당하는 흉선이 위축되는 등의 변화를 보인다고 보고하였다.
　스트레스로 인해 신체기능에 변화가 일어나고 자가면역체계가 억제되어 저항력이 떨어지면 발병이 되고 동시에 치유력도 약화된다. 이와같이 모든 병의 원인이 될 수 있지만 스트레스가 직접적인 원인이 되어 현대인이 주로 많이 겪는 신체질환들을 먼저 살펴본다.
　먼저 두부를 보면, 현대인의 감기라 할 수 있는 긴장성 두통으로 전체 두통 환자의 60퍼센트에 해당되는 30~40대 중년에 많다. 목덜미근육의 수축으로 후두통이 많고 피로가 쌓이는 오후에 더 심해지는 특징이 있으며 스트레스를 받으면 즉각 증상이 악화된다. 그 다음에 많은 두통은 편두통으로 두통환자의 25퍼센트에 해당되며 10~20대 여성들이 많고 맥박에 따라 득씬득씬 아파오는 혈관성두통이다. 대부분은 한쪽만 아프기 때문에 편두통이라 했지만 양측성으로 올 수 있다.

안과적인 영역에서는 긴장성 두통과 더불어 안구통이 일어나고 안압의 변화로 시력저하가 일어나고 안정피로가 많다.

이비인후과 분야에서는 중년 여성들에서 흔히 보는 목이 꺼칠꺼칠하거나 뭐가 걸린 것 같은 후두이물감이나 귀울림, 어지럼증 등이 스트레스와 직접적인 관련이 있다. 또 호흡기계에서는 흉근의 수축으로 인한 흉부압박감, 기관지가 수축이 되어 일어나는 호흡곤란이 주증상인 기관지 천식, 불안할 때 자신도 모르게 지나치게 몰아쳐 숨을 쉬는 과호흡증후군 등이 대표적인 스트레스 관련 질병들이다.

심혈관계에서는 스트레스 상황 하에서 가장 흔한 증상인 가슴두근거림이 나타나면서 혈압이 상승하는 것이다. 또한 심장부위에 통증을 일으키는 협심증, 부정맥 등이 스트레스와 관련된다.

소화기계에서는 소화장애, 식욕부진, 변비, 설사를 비롯하여 위궤양, 십이지장궤양이 스트레스와 밀접하고, 속상한 일만 보면 배에 가스가 차고 아랫배가 아프면서 설사가 나오는 과민성 대장염도 여성들에게 흔히 볼 수 있다.

비뇨생식기계를 살펴보면, 스트레스를 받은 후에 소변이 자꾸

마렵고 오줌소태가 나는 경우가 흔하다. 남성들에게는 발기력저하나 조루증이 많고 여성들은 불감증, 성욕저하, 월경불순이 나타난다. 피부과 영역에서는 습진이나 무좀이 악화되고 두드러기가 자주 나며 피부가려움증이 나타난다. 피부는 자율신경계의 영향이 절대적이기 때문에 피하조직이나 땀샘 등의 기능의 변화가 감정상태와 밀접한 관련을 갖는다. 그래서 스트레스를 많이 받는 사람은 얼굴색깔만 보고도 그 사람이 처한 환경을 짐작할 수 있을 정도이다.

근골격계를 보면, 스트레스를 많이 받으면 허리근육이 수축되어 요통이 많고, 류마치스와 유사한 관절염이 많이 발생한다. 또한 여러 가지 관절통이나 근육통이 흔하다.

내분비계를 살펴보면, 스트레스 상황 하에서는 혈당치가 올라가 당뇨병이 발병하고, 신진대사와 관련하여 갑상선기능항진증이 여성들에게서 많이 온다.

십이지장궤양은 스트레스 궤양

이상에서 살펴본 바와같이 여러 가지 신체질환들이 스트레스와 직접적인 관련이 있는데, 그 중에서도 소화성 궤양, 궤양성 대장염, 본태성 고혈압, 갑상선기능항진증, 신경성 피부염, 류마치스양 관절염 등 일곱 가지 질병들을 알렉산더라는 학자는 스트레스로 인해서 오는 대표적인 정신신체질환이라고 말하였다.

소화성 궤양에는 위와 십이지장궤양이 있고, 십이지장궤양은 스트레스과 관련이 너무 크기 때문에 '스트레스궤양'이라는 별명이 있다. 궤양이 잘 생기는 사람들은 가족 중에 궤양 환자가 많고 복잡한 환경 속에서 시달리는 도시인, 경영자, 고소득자에게서 많다. 심리학적으로는 의존욕구의 좌절이 그 밑바닥에 깔려 있으며 이러한 욕구를 보상이라도 하듯 야심적이고 충동적인 성격의 소유자가 많다.

본태성 고혈압은 내적 긴장이나 불안으로 레닌이라는 호르몬이 분비되어 혈관을 수축시킴으로써 혈압이 상승한다. 고혈압 환자들은 겉모습은 온화하고 상냥한 것 같지만 속으로는 공격심과 증오심을 감추고 있으며, 윗사람에게 의존적 태도를 보일 뿐만 아니라 강박적이고 완벽주의적인 성격의 소유자들이다. 혈압은 대체로 수축기 혈압이 상승되고 감정의 변화에 따라 혈압의 변동이 심하다.

갑상선기능항진증은 주로 여자에게 많고 정신적 충격이나 장기간 스트레스에 노출되었을 때 흔히 발병한다. 환자는 심장이 빨리 뛰고 예민해지며 불안과 우울 또는 기분이 들뜨기도 하여 감정과 갑상선과는 밀접한 관련이 있는 것으로 알려져 있다.

흔히, 피부를 감정상태의 거울이라 부를 만큼 감정변화에 민감하기 때문에 스트레스가 쌓이면 피부병이 오는 것은 당연하다. 신경성 피부염은 부모에 대한 과도한 의존이나 사랑의 상실과 관련하여 증상이 일어나기도 하고 악화되기도 한다.

류마치스양 관절염은 류마치스와 증상은 비슷하지만 진성 류마치스는 아니라는 뜻이다. 남편이 며칠간 연락도 없이 외박하자 삼 일 동안 밤을 새고 나서 무릎이 퉁퉁 부어오른 여자 환자가 있었는데 류마치스 검사에서는 음성으로 나타났다. 여성에게 흔하고 환자는 피학적, 희생적, 양심적, 강박적 성격특성을 가졌고,

정서적 불안정과 분노가 증상을 악화시킨다.

다음은 스트레스와 관련된 정신질환을 살펴보겠는데, 정신적인 질환의 발병에는 스트레스가 거의 모두 직접적으로 관여하고 있다.

스트레스를 받은 직후에 발병하는 소위 스트레스 장애가 그 대표적인 것이고 급격한 증상의 악화를 나타낸다.

정신분열병이나 조울병 같은 주요 정신병은 체질적인 소인을 가지고 있다가 스트레스 상황이 유발요인이 되는 경우가 많다.

우울증에서는 가치있는 심적 대상의 상실이 발병에 큰 역할을 하고, 우울증에 잘 빠지는 사람들은 스트레스에 취약한 소유자들이다.

신경증 소위 노이로제는 발병과 증상의 악화에 스트레스가 직접 관여한다. 노이로제에도 여러 가지 종류가 있는데 불안, 우울, 강박관념 등과 같이 주된 증상이 무엇인가에 따라 병명이 달라진다.

어린이 행동장애나 야뇨증, 눈깜짝이 같은 신체 일부분의 근육이 갑작스럽게 수축되는 틱 장애 등도 스트레스에 의해 발생한다.

그 이외에도 불면증과 같은 수면장애, 수면 중에 갑자기 소스라쳐 놀라는 야경증, 자다가 걸어다니거나 어떤 행동을 하는 몽유병 등도 스트레스와 관련된다. 단 성격장애만은 별 변동없이 지속적으로 가지고 있기 때문에 스트레스에 비교적 영향을 적게 받는다고 할 수 있다.

이제, 스트레스는 인간의 건강문제를 논할 때 빠질 수 없는 약방의 감초처럼 따라다닐 것이 확실해졌다.

스트레스를 어떻게 해소할 것인가?

1930~50년대에는 스트레스가 왜 생기느냐에 관심이 집중되어 있다가 1960년 이후엔 스트레스를 어떻게 할 것인가에 많은 연구를 기울이고 있다.

1982년 셀리에 박사는 여러 가지 스트레스 상황의 기본변화를 일목요연하게 최종적으로 정리하였다.

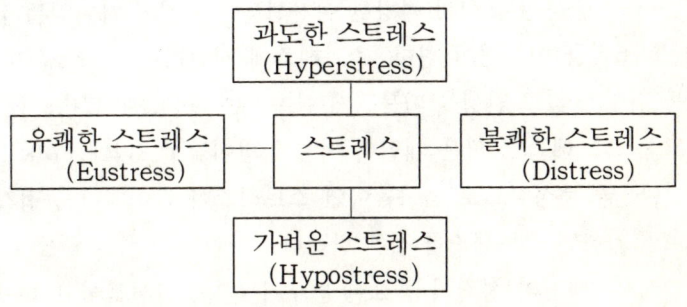

모든 스트레스가 나쁜 쪽으로 영향을 미치는 것만은 아니다.

가벼운 스트레스와 결혼이나 졸업 같은 유쾌한 스트레스는 오히려 면역기능이 항진되고, 스트레스 상황에서 일어난 여러 가지 신체적인 변화가 즉시 원상태로 회복되어 평형상태를 유지하게 된다.

그러나, 과도한 스트레스나 사업의 실패 같은 불쾌한 스트레스는 스트레스 상황이 제거되어도 오랫동안 분노, 우울, 불안, 적개심 등과 같은 심리적 변화와 신체적 고통이 뒤따르고 결국 질병이 일어날 수 있다.

스트레스는 개인의 심적 상태에 따라 그 강도가 달라진다. 개인의 체험이나 성격 등이 결정적 역할을 하며, 해소방법 또한 생활방식과 밀접한 관계를 가지고 있다.

그래서, 스트레스는 그 자체가 문제가 아니라 어떻게 대처할 것인가? 어떻게 스트레스 상황에서 빨리 벗어날 수 있는가? 즉 스트레스를 어떻게 해소할 것인가가 문제이다.

스트레스가 나쁜 쪽으로 작용이 될 때 이를 해소하는 대원칙은 어떻게 긴장상태에서 해방되고 이완될 것인가이다. 그러기 위해서는 우선 충분한 휴식과 적당한 여가선용이 자신의 가치있는 삶과 잘 조화를 이루어야 한다. 스트레스에 시달리는 사람들은 대부분 취미가 없고 인생을 따분하게 살아가는 사람들이 많다.

모든 스트레스 상황은 개인이 어떻게 받아들이느냐에 따라 달라진다. 즉 부정적으로 받아들이면 스트레스가 쌓이지만 긍정적으로 평가하면 스트레스를 적게 받는다.

그래서, 개인의 성격이 중요한 변수가 된다. 낙천적이고 유연한 성격이면 스트레스가 적고, 융통성이 적고 완벽주의적이고 열등감이나 부정적인 사고를 가진 사람은 모든 일들이 스트레스로 작용한다. 교통사고로 한쪽 눈을 실명한 낙천적인 소아과 의사가 오히려 눈이 하나니까 골프 공이 잘 맞더라고 좋아했다는 이야기는 우리에게 많은 것을 느끼게 한다.

스트레스를 해소하기 위해서는 무엇보다도 그 원인을 파악하는 것이 중요하다. 무엇이 스트레스로 작용했느냐가 파악되었다면 문제해결을 시도해야 한다. 세상사 모든 일이란 복잡한 것 같지만 따지고 보면, 즉시 해결할 수 있는 일이냐, 세월이 흘러야만이 해결되느냐, 영원히 인간의 힘으로 해결이 불가능한 것이냐로 정리할 수 있다. 즉시 해결할 수 있으면 시간을 지체하지 말고 당장, 시간이 지나야 해결될 일이면 세월이 약이겠지요 하고 느긋하게 마음을 고쳐먹고, 불가능한 일이면 과감하게 포기하고 체념해야 한다. 얼마나 신속하게 마음의 정리를 하느냐에 따라 스트레스 상황에서 벗어나는 시간이 결정된다.

인생에서 최소한 두 명의 대화상대를 찾자

머리가 복잡하고 정리가 잘 안 될 때는 삼십 분 정도 자기 목표를 생각해보고 그 목표에 맞게 우선 순위를 정해서 그 순간에 가장 중요한 일에 최선을 다한다. 누구도 동시에 두 가지 일을 잘할 수 없다. 어차피 한 가지 일만을 할 수밖에 없다면 놓쳐서는 안 될 일에 매달려야 하고 거기에 몰두하다 보면 갈등상황은 자신도 모르게 사라진다. 그 상황이나 그 순간에 최선을 다하는 생활태도가 필요하다.

사람은 자신의 능력범위를 벗어나는 일을 하면 그때부터 고통이 시작된다. 과도한 투자도 과도한 업무도 모두 스트레스가 된다. 그러므로 자기의 능력의 한계를 알고 그 한계를 벗어나지 않으려는 삶의 태도가 스트레스 상황을 만들지 않게 된다. 적절한 자기 통제와 과욕을 부리지 않는 것이 중요하다. 열등감이나 부정적 사고가 스트레스에 크게 관여한다. 자신의 열등감이나 부정적 사고를 줄이기 위해서 자신의 결점을 있는 그대로 받아들이고 장점을 최대로 살리도록 노력해야 한다. 20세 이후에는 성격을 바꾸기가 어렵다. 신문광고에는 몇 주일이면 성격교정이 가능한 것처럼 과대광고를 하고 있지만 잘 바꿀 수 없는 것이 성격이다. 차라리 단점을 의식하지 말고 자기 성격 중에 장점을 찾아내서 그 장점을 살려나가는 방향으로 노력하는 것이 성격을 바꿔나가는 대안이라 할 수 있다.
　현대를 살아가는 데는 대화의 상대자가 최소한 두 명 정도는 있어야 한다. 진정한 대화를 나눌 수 있는 사람으로는 인생의 선배 중 한 사람, 친구 중에 한 사람쯤 있으면 좋고, 배우자나 친척 중에서 대화가 잘 통하면 더 이상 좋을 수가 없다. 마음의 문을 열어놓고 대화할 수 있는 사람이 없다면 종교생활이나 일기쓰기도 그 대안이 될 수 있다.
　충분한 수면은 부교감신경을 활성화하여 육체적 피로를 풀고, 안락감과 평온함을 주는데, 건강을 유지할 수 있는 기본적인 수면시간은 사람에 따라 차이가 있지만 의학적으로는 네 시간 삼십 분이면 충분하다. 그러나 수면시간이 문제가 아니라 숙면할 수 있는 수면의 질이 더 중요하다.

전신의 근육을 풀어주고 혈액순환을 원활하게 하는 전신운동 도 꼭 필요하다. 자기 체력에 맞는 적당한 운동을 지속적으로 실시하는 것이 좋다. 걷기나 가벼운 등산 등이 제일 무난한 운동이다. 필자는 오래 전부터 전신의 각 관절마다 20~30회씩 원을 그려주는 관절원운동을 수시로 실시하고 있는데, 시간과 장소에 구애받지 않고 어떤 신체적 조건에도 무리가 없어 중년 이후에 아주 좋은 운동이라고 생각된다.

신선한 채소와 과일도 스트레스 해소에 도움

식생활도 중요하다. 지방질은 신경을 흥분시키고 설탕은 신경을 피로하게 한다. 또한 짜게 먹으면 신경에 긴장상태가 일어나 좋지 않다. 비타민 B나 C가 많이 들어 있는 신선한 녹황색 야채(마늘, 시금치, 호박, 파, 오이, 양배추 등)나 신맛 나는 과일(귤, 사과 등)이 스트레스 해소에 도움이 된다. 뼈째 먹을 수 있는 멸치 같은 생선이나 칼슘이 풍부한 음식은 신경을 안정시키는 효과가 있고, 마그네슘이 많이 들어 있는 우유, 검은콩, 보리밥, 두부 등은 신경과민에 도움이 된다.

스트레스에 시달리는 사람들의 특징 중에 하나는 과거에 매달리는 경향이 있다. 특히 좋지 않은 기억에 사로잡혀 앞을 바라보지 못한다. 그러므로 미래지향적인 사고를 가지고 현재를 열심히 헤쳐가는 적극적인 삶의 태도야말로 스트레스에 적절히 대응하는 방법이다.

이퇴계의 건강법은 활인심방(活人心方)이라 하여 '마음을 바로잡는 길이 건강을 바로잡는 길' 즉 마음의 동요가 질병의 원인이라고 가르쳤다.

  오늘날 스트레스를 해소해야 건강을 지킬 수 있다는 사실은 우리 조상들도 이미 오래 전부터 실천해왔던 건강비법이었다.

수험생 스트레스

소위 '고3병'이라고 알려진 수험생 스트레스는 시험에 대한 불안이나 긴장감이 증가하여 학습능률을 떨어뜨리고, 여러 가지 정신적 신체적 증상을 일으키는 것을 말한다. 이러한 증상들은 고3 수험생이나 재수생에서 근본적으로 차이가 있는 게 아니다. 다만 고3수험생은 지나치게 **빡빡한** 학교 스케줄에 적응하려는 데서 스트레스가 가중되는 것을 볼 수 있는 반면에, 재수생은 보다 자유스러워 나태해지기 쉽고 한편 '이번이 마지막이다' 하는 중압감이 더 많을 뿐이다.

수험생 스트레스의 핵심은 가정환경과 개인의 성격에서 비롯된다고 볼 수 있다. 즉 지나치게 성적에 강박적인 수험생, 남에게 지기 싫어하는 경쟁적인 수험생, 자존심이나 지구력이 약한 수험생들이 역시 스트레스를 많이 받는다.

이러한 스트레스를 최소화하기 위해서는 자신의 능력이나 한계를 알고 거기에 알맞는 목표를 세우고 꾸준히 노력하면서 그때그때 적당한 방법으로 긴장을 풀어가는 지혜가 필요하다. 규칙적인 생활 속에서 삶의 리듬을 잃지 않는 것이 스트레스를 최소화하는 방법 중의 하나이다. 매일 쌓인 피로와 긴장을 그대로 끌고 가서는 안 된다. 또한 모든 것이 잘 될 것이라는 긍정적인 자기암시가 필요하다. 혹시 실패하면 어떡할까 하는 불안이 결국 스트레스를 가중시키기 때문에 '나는 할 수 있다'는 자신감과 '최선을 다하자'는 다짐이 도움이 된다.

 비타민 B는 피로와 권태를 풀어주고 정신적인 안정감을 가져오며, 칼슘은 신경의 흥분을 진정시키고 숙면효과가 있기 때문에 신선한 야채와 과일을 많이 섭취하고 매일 우유를 마시는 것이 좋다. 또한 조깅이나 줄넘기, 맨손체조 등 가벼운 운동도 곁들여야 한다.

 부모들의 태도가 고3병을 일으키는 사실을 잊어서는 안 된다. 우선 자녀의 현재 상태를 있는 그대로 받아들이자.

 '조금만 더 열심히 하면 될 텐데……' 하는 미련을 버려야 수험생에게 부담이 안 되는 태도를 취할 수 있다. 노력하는 그 자체를 대견하고 자랑스럽게 받아들일 때 수험생은 용기를 얻게 된다. 열심히 노력해서 인정받으려 하는 수험생에게는 자존심이 상하지 않도록 조심하면서 따뜻하고 친밀한 관계를 유지하는 것이 수험생의 정신건강을 돕는 일이다.

의사와 스트레스

　오늘날 한국의 의사들은 전국민의료보험 실시 이후 비현실적인 수가, 부당삭감, 행정적인 간섭에 시달리고, 환자들의 의사에 대한 불신이 증폭되어 의료분쟁 등이 빈발하여 많은 스트레스를 받고 있다. 전문직으로 과로에 시달리고 있는데다 스트레스가 가중되어 의사들의 건강문제가 날로 심각해져가고 있다.
　특히, 그동안 소홀히 해왔던 정신건강문제를 점검해야 할 시점에 이르렀다고 본다. 그래서 의사들의 심리적인 문제, 의료분쟁에서 문제가 될 수 있는 의사환자관계에서의 주의점, 의사들의 정신건강에서 문제가 되는 점 등을 살펴본다.

　전문직 의사들은 보통 인격이 성숙되기 전, 인생경험이 충분히 쌓이기 전에 직업을 선택했고, 어린 시절에 받았던 강한 인상이나 남들의 권고, 조언에 따라 의사라는 직업을 선택하게 되는데, 이는 환자들이 생각하는 것처럼 의사들이 완전무결한 사람들이 아니고 취약점을 가진 사람들임을 말해준다.

미국의 포드 같은 사람은 1983년에 발표한 논문에서 특별한 신체적 병이 없는데도 자꾸 아프다며 병원을 찾는 신체화장애 (somatization disorder) 환자와 의사의 심리상태는 아주 비슷하다고 보고하였다.

의사나 신체화장애 환자들이 보이는 공통점은 부모와 따뜻한 정을 경험하지 못하고, 가족 중 어떤 한 사람이 사망하거나 중병을 앓았고, 마음속으로 병과 죽음을 두려워하고, 성장 후 자기 감정을 지나치게 억제하며 결혼, 성, 약물남용에서 문제를 잘 일으킨다고 하였다.

또한 의사들은 바쁜 일과로 과로에 시달리고, 자신의 일에 매달리다 보니 다른 직업인들과 잘 어울리지 못하고 사회적으로 고립되어 있으며 의사 아니면 딱 굶어죽기 알맞은 편협된 시야를 갖게 된다. 또 자기 건강에는 소홀히 하는 경향이 있다.

1982년 경북의대 이성관 교수가 한국 남자의사 2천2백6십9 명을 조사했더니 30.4퍼센트에서 비감염성 만성 신체질환을 가지고 있었는데, 이는 일반인보다 27.6퍼센트가 높은 수치이다. 55세 이상의 의사들은 45퍼센트에 가까운 수치에서 만성 신체질환을 앓고 있다. 자가진단, 자가처방을 많이 하며, 자기는 병들지 않고 죽지 않는다고 믿는 경향이 짙다.

또한 의료보험 실시 이후 일방적인 행정 지시, 간섭, 부당삭감, 비현실적 수가, 의권침해, 동료간의 위화감(빈익빈 부익부), 의료불신, 기존의료질서 파괴 등 스트레스가 가중되고 있고, 의사 환자간의 심리적 갈등이 증폭되어 의료분쟁이 날로 증가하고 있다.

진료비에 대한 시비는 치료거부로 봐야

의료보험 실시 이후 환자들의 의료욕구가 증대되면서 환자의 사간의 관계가 악화되고 있다. 1992년도 광주직할시 의사회에 신고된 의료분쟁건은 모두 스물두 건으로 이는 전체 개원의 5퍼센트에 해당되며, 신고되지 않은 숫자가 더 많을 것으로 볼 때, 얼마나 많은 의사들이 의료분쟁으로 고통을 받는가를 추정할 수 있다. 실로 의료분쟁의 공포에 시달리고 있다고 봐도 과언이 아니다.

의료사고가 났다 하면 언론에서는 무조건 의사들을 매도하고 나서니 의사환자관계는 더 악화될 수밖에 없다. 이에 의사들은 예전과 같이 진료에만 전념할 수 없게 되었다. 이에 대한 대안으로 환자의 특성을 면밀히 파악하여두는 것이 스트레스를 덜 받는 방법이 될 것이다.

진료실에서 '나만 완치시켜주면 은혜를 꼭 갚겠다' '환자를 많이 소개하겠다'고 말하는 환자는 의사가 자신을 소홀히 다루면 어떡할까 하는 불안감을 가진 환자이니 세심한 주의를 요한다.

다른 병원을 욕하면서 이 병원은 좋다고 말하는 환자는 일단 불평불만이 많은 사람이다. 의사를 지나치게 칭찬하는 사람이나 황송할 정도로 깊이 머리숙여 인사하는 사람은 존경심의 발로일 수도 있지만 적개심을 감추고 있을 수 있다.

유명인사 이름을 들먹거리는 사람은 열등감이 있는 사람이고, 자신의 지위나 재력을 내세우는 사람은 의사와 경쟁하려는 심리를 가진 사람이다. 주의사항을 안 지키고 약을 임의대로 조절해 먹는 사람은 치료 자체를 의식·무의식적으로 거부하는 사람이다. 중병을 가볍게 생각하는 사람은 자기 병을 부정하거나 속으로 겁을 먹고 있는 사람이다.

수술 거부자는 죽음에 대한 공포와 마취에서 깨어나지 못하면 어떡할까 하는 두려움이 있다. 사회 경제적으로 하류층인 사람들은 피해의식, 불신, 맹종하는 경향이 있다. 진료시간을 많이 빼앗고 자기 말을 많이 하는 사람은 의사지시를 거부하는 경향이 많다.

언제나 퇴근시간 직전이나 점심시간에 시간을 많이 끄는 환자는 의사를 골탕 먹이려는 무의식적 동기가 있다. 스스로 진단을 붙여 오거나 의학용어를 많이 쓰는 환자는 치료에 방어적이고 다루기가 어렵다.

의사의 사생활에 대해 질문하는 사람은 직업적 관계보다 사교적 관계를 원하는 사람이고, 명의 소문을 듣고 찾아온 환자는 치료효과가 클 수도 있고 나쁠 수도 있다. 의사의 비방을 요구하는 사람은 자기중심적이며 이기적인 사람일 가능성이 크다.

진료 끝나고 나갔다가 다시 들어오는 사람, 신문을 오려오거나 종이에 메모해오는 사람은 완벽주의적이고 세심하며 신경증 환자들에서 많다. 문제가 없는데 수술을 원하는 사람은 신체상(Body image)의 왜곡이나 신체망상을 가진 자로 법적 문제를 주의해야 한다.

자기 병을 남의 탓으로 돌리는 사람은 피해의식이 있고, 시비 소지가 많다. 진찰중독증인 소위 독터쇼핑(Dr. shopping) 하는 사람은 관계형성이 어렵고 나쁜 소문을 퍼뜨릴 수 있다. 젊은 환자는 권위에 반발해서 권위자로 군림하면 관계형성이 어렵다. 진료비에 대한 시비는 치료거부로 봐야 한다.

이상 여러 가지 진료실에서 일어날 수 있는 의사환자관계를 예로 들었는데, 의료분쟁을 예방하기 위해서는 환자가족들을 치료에 참여시키고 충분한 대화를 해야 한다.

또 신체질환자는 심리적인 면을, 심인성 질환일 땐 신체적 문제들을 고려해야 한다. 환자의 가족사항이나 직업, 현재 처한 상황 등을 파악하는 것이 도움이 된다. 무속치료나 한방치료를 했을 때 비방이나 부정을 삼가하고, 중환자나 자기 전문과가 아닌 환자는 신속하게 의뢰한다.

'절대로 괜찮다' '확실하다'는 등의 단언을 피하고, 의료기구나 검사 데이터에 너무 의존하지 않는 자세가 필요하다. 이러한 문제들은 우리나라 의과대학에서도 1980년 후반부터 행동과학 시간을 만들어 강의하고 있다.

일반인보다 높은 의사의 이혼율

아직 우리나라에는 의사의 정신건강에 대한 연구가 되어 있지 않으나, 필자는 우울증, 알코올 중독, 정신분열증, 약물 중독, 정신신체장애, 결혼장애, 자살 등 상당히 다양한 환자들을 경험하였다.

미국의 마르틴(Martin)이 1981년에 조사한 바에 의하면 약물남용, 알코올 중독, 우울증, 자살, 부부불화, 강박성 성격문제 등이 주로 많고 정신분열증은 비교적 적다고 하였다. 그 이유는 정신분열증이 청소년기에 발병하기 때문에 여과된 것으로 풀이하였다.

약물의존은 미국 마르틴의 조사에서 마약 중독 환자가 일반빈도보다 30~100배가 많다고 하였으며, 마약 중독자의 31퍼센트가 의사라고 하였다. 우리나라는 비교적 마약이 잘 통제되고 있는 편이지만, 현재 마약 단속반에서는 마약을 취급하는 의료인을 주목하고 있다.

알코올 중독은 영국에서 보고한 바에 의하면, 다른 상류사회계급 남자보다 2~2.5배 많다고 하였다. 45~54세 남자 의사의 정신과 입원환자 중 58퍼센트가 알코올 중독이라고 하며, 술을 허용하는 문화권인 우리나라도 의사들의 알코올 중독이 많으리라고 추정되며, 일반인들 사이에도 의사들은 술 잘 마신다고 알려져 있다.

우울증은 약물의존이나 알코올 중독과 밀접한 관계가 있다. 대체로 환경에서 비롯되는 스트레스로 인해 이차적으로 오는 반응성 우울증이 많다.

미국에서는 일반인보다 의사들의 이혼율이 높다. 남편은 일에만 몰두하고 아내는 무료하게 보내는 데서 문제가 많이 발생하며, 특히 남편들은 초연하고 무관심하며, 의사들의 아내들 중에는 의존적이고 허영심이 많은 히스테리성 성격이 많기 때문에 결혼문제가 많이 일어난다고 알려져 있다. 의사들은 대개 꼼꼼하고 소심하고 완벽주의적이다. 일에만 파묻혀 항상 피로에 지쳐 있고 조루증이 많다고 한다.

　의사의 자살율은 미국에서 십만 명당 서른여섯 명으로 일반인보다 2.5배 높고, 남자 의사의 사망원인 중 3퍼센트에 이르고 졸업 후 10~15년이 위험연령이라고 하며, 음독이 총기보다 2배 많다고 알려져 있다. 전문과목별로는 정신과 의사가 가장 많은데, 타과 의사보다 감수성이 예민하기 때문으로 추정된다. 그 다음이 외과계열 의사이고, 산부인과, 방사선과, 소아과 의사들이 비교적 적은 편이라고 한다. 여자 의사들에서 우울증과 자살이 많은데, 여자 의사 사망율의 6.56퍼센트에 해당되고, 일반여성보다 4배가 높고, 평균 연령이 47세여서 폐경기 즉 갱년기 우울증과 관련이 있지 않을까 생각된다.

　의사들은 항상 긴장된 속에서 살아가고 있다. 특히 요즘 우리나라에는 의료현실이 악화되고 스트레스는 가중되고 있다. '환자의 고통을 덜어주고, 고귀한 생명을 연장시켜주는 희생과 봉사'를 위한 삶에 회의를 느끼게 하는 것이 사실이다.

　그러나 이런 스트레스 상황이 꼭 나쁜 것만은 아니다. 가벼운 스트레스에 노출될 때나 장기간 또는 반복되는 스트레스 상황에서는 스트레스에 단련되고, 면역기능이 항진되었다는 주장도 있기 때문이다.

　의사들은 건강, 특히 정신건강을 위해서는 무엇보다도 휴식(Rest)이 필요하고, 그리고 적당한 여가선용(Recreation)에다가 어떻게 하면 긴장에서 이완(Relaxation)될 것인가 하는 점이 중요하다. 스트레스를 해결해가는 과정에서 우리는 활력을 얻기도 하고 기쁨과 성취감을 맛볼 수 있는 것이다.

인간관계와 스트레스

현대사회는 스트레스 사회라 할 수 있을 만큼 도처에 스트레스가 도사리고 있다.

가정이나 직장을 막론하고 끊임없이 긴장과 갈등이 마음을 괴롭히고 육체를 피곤하게 한다.

이러한 정신적 갈등과 육체적 피로는 생활의 리듬을 파괴하고 일의 능률을 떨어뜨리며 심할 땐 질병을 일으키기도 한다.

이와같이 현대병의 주범이라고 할 수 있는 스트레스의 원인은 인간관계의 갈등에서 비롯되는 경우가 가장 흔하다. 부부간의 갈등, 고부간의 갈등, 부모자식간의 갈등, 형제간의 갈등, 직장동료와의 갈등, 상사와의 갈등, 친구와의 갈등 등 자신을 둘러싸고 있는 수많은 인간관계에서 일어나는 크고 작은 오해와 마찰이 결국엔 스트레스가 된다.

그러므로, 이러한 스트레스의 굴레에서 벗어나기 위해서는 무엇보다 좋은 인간관계를 유지하는 것이 중요하다.

좋은 인간관계를 유지하기 위해서는 다른 사람을 먼저 생각하는 삶의 태도와 자유스러운 의사소통을 통해서 양보와 타협이 이루어져야 한다.

융통성이 부족한 사람은 항상 외로워

자신의 의사가 상대방에게 충분히 전달되지 않아 오해가 생겼을 땐, 사람은 누구나 마음이 편치 않은 법이다.

자신의 진실이나 속마음을 몰라줄 때, 사람은 누구나 서운하고 외로움을 느낀다. 그래서, 내성적인 사람이 혼자서 괴로움을 많이 당하고 스트레스가 많이 쌓이는 이유가 여기에 있다.

또, 남에게 받기만을 원하고 베풀 줄 모르는 사람은 자신의 의존욕구가 충족되지 않아서 언제나 칭얼대는 아이마냥 불만투성이가 되기도 한다. 뿐만 아니라, 받기만을 원하는 사람은 항상 주위사람들이 자신을 동정하고 위로해주기만을 원하기 때문에 좋은 인간관계를 형성하기 어렵다.

또 지나치게 따지고 융통성이 부족한 사람도 주위는 항상 외롭고 쓸쓸하다. 그러므로, 대가를 바라지 않고 아낌없이 주는 사람은 언제나 좋은 친구를 갖게 되고, 좋은 인간관계 속에서 삶의 활력을 얻게 된다.

현재, 자신을 둘러싸고 있는 주위 사람들과 마음의 갈등이 있는 사람은 당장 과감하게 나쁜 관계를 청산해야 한다.

특히, 매일매일 만나는 사람과는 빠르면 빠를수록 좋다. 그리고 내가 먼저 용서해주고 화해의 손을 내미는 용기 있는 행동을 보인다면, 의외로 쉽게 해결될 수 있는 것이 인간관계에서 오는 스트레스인 것이다.

   인간관계를 원활하게 하는 것도 건강하게 사는 방법 중에 하나이다.

정신과 육체는 하나(心身一如)

원시인들은 모든 질병이 초자연적인 힘에 의해 일어난다고 생각했다. 그래서 병이 났다 하면 귀신의 장난으로 알고 무서워 벌벌 떨면서 귀신을 달래려고 푸닥거리를 하였다.

그러나 종교가 점점 그 일을 도맡아하게 되었다. 종교에서는 인간은 정신과 육체로 분리되어 있다는 이원론이 지배하여, 육체는 사망해도 영혼은 죽지 않고 저 세상에 가서 세상에서 살아왔던 내용대로 심판을 받고 천당에 가느냐 지옥에 떨어지느냐가 결정된다는 것이다. 육체를 한낱 영혼을 담는 그릇쯤으로 생각했고, 병이 나는 것은 죄를 지어 그 대가로 벌을 받아 일어난다고 보았다.

특히, 중세 암흑기에는 유럽 전역에서 정신병에 걸린 사람들은 마귀가 들었다고 해서 이 마귀잡기가 유행하여, 최소한 십만 명에서 삼백만 명에 이르는 환자들이 신의 이름으로 화형에 처해졌을 것으로 추정되고 있다.

이러한 이원론적 사상은 데카르트(Descartes)에 의해 더욱 체계화되었다. 르네상스 시대에 접어들어서는 의학에서 신체에 대한 정신의 영향은 비과학적이라고 거부되고, 마음에 대한 연구는 종교나 철학의 영역으로 이관되었다.

특히, 19세기 의학은 현미경의 발명과 세포학의 발달로 '모든 질병은 세포의 병으로부터 비롯된다'는 비르효(Virchow)의 견해와, '질병에 있어서 정신의 역할은 중요하지 않다'는 영국 헉슬리(Huxley)의 주장이 의학계를 지배하면서 신체적인 건강이나 질병의 원인에 있어 정신의 영향이 무시되어 왔다.

프로이트, 최초로 정신과 육체의 관계 밝혀

20세기에 들어, 프로이트(Freud)가 1900년에 《꿈의 해석》이라는 책을 발간하고, 꿈은 무의식으로 통하는 지름길이라고 무의식에 대한 개념을 주장하면서, 정신이 육체에 얼마나 큰 영향을 미치는가를 많은 사례를 들어 제시하였다.

프로이트의 정신분석 이론은 단순히 의학에만 영향을 미친 것이 아니라 종교, 철학, 문화, 사회 전반에 걸쳐 지대한 영향을 미쳤고, 인간의 본질을 이해하는 데 큰 걸음을 내딛는 계기가 되었다.

1927년 미국의 케논(Cannon)은 인간의 본질을 이해하는 데 큰 역할을 했다.

그는 인간의 감정에 따라 생리적인 변화가 온다는 사실을 증명하고서 정신과 육체의 밀접한 관계를 실험적으로 증명해 보였는데, 인체의 내장을 주로 관장하는 자율신경계가 이러한 중요한 역할을 담당한다는 사실을 알았다.

자율신경계는 교감신경과 부교감신경으로 나누어지는데, 자동차로 비유하면 교감신경은 액셀러레이터, 부교감신경은 브레이크에 해당된다.

케논은, 생명체는 언제나 일정한 균형을 유지하려는 자연스런 힘을 가지고 있는데 이를 '신체 항상성'이라고 말하고, 자율신경계가 이 항상성을 유지하기 위하여 끊임없이 활동하고 있다고 주장하였다.

케논의 영향을 받은 캐나다의 한스 셀리에(Hans Selye) 박사는, 1936년에 여성 호르몬을 연구하던 중에 스트레스(Stress)라는 개념을 도입함으로써, 정신과 육체의 긴밀한 관계가 보다 과학적으로 면밀하게 입증된 셈이다.

오늘날은 한스 셀리에 박사의 스트레스 학설이 모든 질병의 병인론(病因論)으로 인정받게 되어 정신신체의학의 새로운 장을 여는 계기가 되었다.

현대 의학에서는 육체를 떠난 정신, 정신을 떠난 육체는 이미 생명체가 아니라고 본다. 바로 정신과 육체는 둘이 아니고 하나라는 일원론에 입각해서 동전의 앞뒤와 같이 생명의 다른 측면일 뿐 둘은 분리될 수 없다는 것이다.

뇌사문제도 바로 이와같은 의학적인 측면에서의 견해로 세계 각국이 인간의 생명의 끝을 뇌가 사망한 시점으로 받아들이고 있다.

옛날에는 마음의 자리가 심장에 있다고 해서 '心'을 썼지만, 지금은 누구나 뇌가 마음의 자리라고 생각한다. 뇌는 육체인데 거기에 정신이 실재하는 것이다. 인간의 위대함은 정신력이라고 할 수 있는데, 다른 동물에 비해서 거대하게 발달한 인간의 뇌에서 정신이 창출되는 과정은 아직도 신비의 베일 속에 싸여 있다.

그러나 1980년대에 들어 분자생물학의 발달로 인간의 정신을 분자의 단위에서 해명하려는 시도가 일어나고, 인간의 심리상태에 따라 뇌의 활동상태를 영상으로 포착할 수 있는 양전자 방출 촬영술(PET)이 개발되어 뇌의 상태를 텔레비전 화면을 통해서 볼 수 있기에 이르러, 소위 블랙박스라는 뇌의 신비가 서서히 그 베일을 벗기 시작하고 있다.

뇌는 고생뇌와 신생뇌로 분리할 수 있다. 고생뇌는 뇌간(腦幹)으로서 주로 본능적인 감정과 관련하여 생명중추 등 육체적 기능을 조절하는 영역을 담당하고, 신생뇌는 대뇌피질로서 주로 현실에 기초를 둔 모든 이성적인 판단을 내리는 고중추를 말한다. 다시 말하면, 고생뇌는 동물에서 관찰할 수 있는 동물뇌이고, 신생뇌는 인간만의 고유한 뇌이다. 바로 이 신생뇌가 고생뇌를 지배하고 고생뇌는 다시 육체를 지배하고 있는 것이다. 결론적으로 정신이 육체를 지배하고 있는 것이다.

감정상태에 따라 영향받는 자율신경계

심신일여(心身一如), 마음과 몸은 하나이고, 정신이란 여러 내외적 자극에 대한 반응으로 이해되고, 그 기능이 나타날 때에만 전기와 마찬가지로 그 실체를 알 수 있는 것이다.

이 고생뇌의 시상하부라는 곳에 인간의 생명활동을 직접 관장하는 중추가 있다. 그게 바로 성욕과 식욕의 중추이자 자율신경 중추이다. 그래서 필자는 시상하부를 육체의 끝이자 정신의 출발점으로 보고 있다.

시상하부에서는 감정상태에 따라 자율신경계 중 육체를 활성화시키는 교감신경의 기능이 강화되기도 하고 이를 이완시키는 부교감신경의 활동이 우세해지기도 하면서, 인체는 끊임없이 평형상태를 유지하려고 노력한다. 이 자율신경계는 감정상태에 따라 직접적인 영향을 받는다. 긍정적인 감정과 부정적인 감정에 따라 신체기능은 달라지는 것이다.

그런데, 모든 부정적인 감정 즉 마음상태는 육체적인 건강을 해치는 작용을 한다. 불안, 긴장, 흥분, 분노, 적개심, 절망 등 부정적인 감정들은 자율신경계 중 교감신경을 흥분시켜 육체를 전투상태로 만든다. 전투상태는 평온이 깨진 비상상태이다.

육체가 전투상태에 돌입하면 싸움을 위한 에너지 소비가 많아진다. 그렇게 되면 다른 장기에 있는 에너지원은 뇌와 근육으로 보내져, 정신상태는 아주 예민해지고 근육에는 힘이 들어가게 되어 체력소모가 많아진다. 이 에너지를 공급하기 위해서 산소가 많이 필요하게 되니까 호흡이 가빠지고, 이 산소는 혈액을 통해서 운반되므로 심장의 박동이 빨라진다.

우리가 수면을 취하는 것은 이완된 상태에서 육체적인 피로를 풀고 정신적인 휴식을 취하는 것인데, 적과 대치해 있는 상태와 같이 뇌가 흥분되어 있으니까 불면이 올 수밖에 없다. 긴장과 흥분 상태에 있는 모든 사람들이 수면 장애가 오는 이유는 바로 이 때문이다.

따라서, 신체를 안전하게 만드는 긍정적인 감정상태는 자연히 육체적인 건강을 가져온다. 기쁨, 만족, 행복, 믿음, 희망, 사랑 등과 같은 긍정적인 감정상태는 육체를 이완시키는 부교감신경의 활동이 나타나면서 안정감이 생기고, 편히 잠잘 수 있는 휴식을 취할 수 있으며, 새로운 활동을 위한 활력을 얻는다.

정신적인 수양을 통해서 육체적인 건강을 회복시킬 수 있는 것도 바로 이러한 측면으로 이해된다. 교감신경이 계속 작용하게 되면, 스트레스 호르몬인 부신피질 호르몬의 분비가 많아져 고혈압, 당뇨병, 위궤양이나 십이지장궤양 등의 소위 정신신체장애〔心身症〕를 직접 일으키고, 자가면역체계가 붕괴되어 가볍게는 감기에서부터 심하게는 암까지도 발병할 수 있다.

우리가 정신적인 갈등이 있으면 감기가 잘 낫지 않고, 사별이나 가정파탄 등 큰 스트레스 후에 암이 잘 발생하는 이유도 여기에 있다.

암까지 일으키는 스트레스

시상하부는 자율신경계와 내분비계인 호르몬을 통해서 육체를 조절하고, 한편 면역계를 지배하여 외부에서 침입한 여러 가지 병균이나 이물질에 대항함으로써 인체를 스스로 방어한다.

건전한 정신을 갖는 것은 부정적인 감정을 제거하는 것에서부터 출발한다. 자신의 능력이나 처지를 고려하지 않고 지나치게 욕심을 부리고 있다든지 다른 사람을 미워하는 감정을 갖는다면, 건전한 정신이 무너지고 정신적 갈등은 증폭된다.

특히, 현대인들은 물질 위주의 생활에 몰두함으로써 정신적인 공허감과 위기감에 빠졌다. 인간의 끝없는 욕심에 불을 지른 과학이 인간을 편리하게 만든 것은 사실이지만, 상대적인 빈곤감과 박탈감을 가져와 사람들을 더욱 가난하게 만들지 않았을까.

또한, 지나친 경쟁위주의 산업사회는 사람과 사람 사이에 따뜻한 정을 주고받을 수 없도록 만들어 군중 속의 고독으로 몰아갔고 인간의 정신을 더욱 황폐화시켰다. 인간관계의 갈등이 현대인들의 건강을 해치는 주범이다. 현대인들의 불행은 더불어 사는 사회를 파괴한 데서 비롯되었다고 해도 과언이 아니다. 하루속히 사회 전반에 공동체 의식이 회복되어야 겠다. 진정한 행복이 무엇인지 모르고 앞만 보고 뛰는 현대인들을 보고 있노라면 그저 안타까울 뿐이다.

육체적인 건강도 건전한 정신을 갖게 하는 데 필수적이다. 육체가 병들어 있으면 정신도 따라서 망가진다. 육체라는 집이 새고 있는데 그 안에 있는 사람이 편안히 잠잘 수 있겠는가. 그래서, 신체적인 단련을 통해서 강한 정신과 건전한 정신도 만들어낼 수 있는 것이다. 불가에서의 수행도 바로 이런 관점에서 행해지고 있다.

자연과의 조화도 건전한 정신, 건강한 육체를 유지하는 데 필수적이다. 인간은 환경의 지배를 받는 동물이다. 자연환경을 파괴시키는 것은 바로 생명을 파괴하는 일이다. 자연이 온전할 때 그 속에 살고 있는 인간도 온전할 것은 너무도 당연하다. 그러므로, 자연을 파괴하는 어떠한 종류의 산업화도 비인간화일 뿐이고, 생명을 담보로 한 개발은 저지되어 마땅하다.

마음을 잘 보살피면 병은 저절로 낫는다

세계보건기구가 건강의 정의를 '정신적, 육체적, 사회적으로 안녕한 상태(Well being)'로 규정한 것은, 정신과 육체는 불가분의 관계일 뿐만 아니라 인간과 인간간의 관계를 바탕으로 한 사회도 인간의 건강과 떼래야 뗄 수 없는 중요한 문제라는 뜻이 내포되어 있다.

우리는 대인관계에서 먼저 자기와 가까이 있는 사람부터, 그리고 매일 만나는 사람과의 관계를 원만히 하도록 노력해야 한다. 십 년에 한 번 볼까 말까 한 사람과는 화해하지 않더라도 그렇게 큰 영향이 없겠지만 매일 마주치는 같은 직장동료나 한가족이라면 이건 심각한 상황이 아닐 수 없다.

이러한 인간관계의 갈등은 마음의 갈등으로 곧바로 이어져 육체적인 건강을 해치고 만다. 정신과 병원을 찾는 환자들의 대부분은 거의 대인관계에서 문제가 발생했다고 볼 수 있다. 좋은 인간관계는 믿음을 바탕으로 싹튼다. 불신하는 상황에서 사랑의 불은 켜지지 않는 법이다.

그래서 에리히 프롬(Erich Fromm)이라는 학자는, 인간의 심성 중에서 가장 최초로 형성되는 것이 기본적인 신뢰감(Basic trust)이라고 하였다. 이 신뢰감을 바탕으로 해서 건전한 정신이 자리잡고 타인이나 사회와도 원만한 관계를 유지해나갈 수 있다는 것이다. 끝까지 희망을 버리지 않는 삶의 자세, 삶의 의미를 새롭게 되새기는 생활태도, 모든 사물이나 상황을 애정어린 시각으로 바라보는 긍정적인 사고야말로 현대사회를 건강하게 살아가는 방법인 것이다.

 지금부터 2300년 전에 중국의 장자는 이르기를, '병생어란심 심섭이병자추(病生於亂心 心攝而病自瘳), 즉 병은 마음이 혼란스러울 때 생긴다. 마음을 잘 보살피면 병은 저절로 낫는다'고 하였다. 무엇보다도 정신이 바르게 서 있지 않고서는 육체적인 건강을 기대할 수가 없는 것이다.

인간과 자연은 하나(身土不二)

　오늘날 산업사회에서 사람의 건강을 좌우하는 요소들은 여러 가지가 있겠지만 그 중에서도 가장 중요한 것은 맑은 공기와 깨끗한 물, 그리고 오염되지 않은 식품, 이 세 가지를 들 수 있다.
　사람은 삼 분 이상 산소를 흡입하지 못하면 뇌에 치명적인 손상을 받으며 오 분 이상 호흡이 중단되면 생명을 잃고 만다. 그만큼 공기는 생명유지에 절대적으로 필요한 것인 만큼 오염되지 않은 맑은 공기를 마시는 것이야말로 건강을 유지하는 데 더없이 중요하다.
　또한, 우리 신체는 75퍼센트가 수분으로 구성되어 있어 음식은 한 달 이상 먹지 않아도 살 수 있지만 수분은 일 주일만 섭취하지 않으면 사망하고 만다. 깨끗한 물은 건강유지에 없어서는 안 될 필수적인 요소이다.

현대 자본주의 산업사회라는 것은 생산자와 소비자로 대별할 수 있는데, 식품을 생산하는 사람들이 자신의 이윤만을 추구하여 생산단가를 낮추는 수단으로 유해식품을 만든다든지, 생산성을 높이기 위해서 맹독성인 농약을 함부로 사용하거나 식품을 오래 보관하기 위해 방부제를 지나치게 사용해 소비자의 건강을 해치는 일이 비일비재하다. 이것이 바로 자본주의 사회의 병폐 중의 하나이다.

공해에 대한 심각성은 선진국에서는 이미 오래 전에 그 대가를 치른 문제들로서, 현재 산업화가 진행중인 개발도상국가들은 환경을 보호하고 개선하기 위한 노력을 최대한 경주해야 한다. 쓰레기나 줍는 소극적인 방법으로는 일그러져가는 자연을 보호할 수가 없다.

산업화의 최종 목적은 결국 삶의 질을 높이는 것인데 환경을 오염시키고 자연을 파괴하는 것은 인간의 건강과 생존을 위협하고 만다.

자연의 일부분인 인간이 그 파괴된 자연 속에서 어찌 온전할 수 있겠는가.

백오십 년 만에 돌아온 템즈 강의 연어

영국에서 산업혁명이 한참 진행되던 1821년 템즈 강의 그 맑은 물에서 뛰놀던 연어가 서서히 자취를 감추면서 죽은 강으로 변해 당장 마실 물을 걱정해야만 했고, 1952년 런던에 몇 주일 동안 지속된 스모그 현상으로 호흡기질환과 눈병 환자가 급증해서 대기오염의 심각성이 사회문제화되었다.

가까운 일본도 1950년대 중반 수질오염성중금속 중독으로 큰 사회문제가 되었는데, 수은으로 오염된 바다에서 잡힌 바닷고기를 먹은 사람들이 치명적인 수은 중독에 걸린 미나마타 병, 카드뮴이라는 중금속에 오염된 공장폐수로 농사를 지어 거기에서 수확한 농산물을 먹은 사람들에게서 나타났던 전신통증을 일으킨 이타이이타이 병들이 그 대표급이다.

이러한 문제들은 생산에만 급급해 고도성장을 지향한 국가들에서 필연적으로 겪어야 했던 문제들이다.

환경오염은 돈벌어 자기만 잘살겠다는 부도덕한 사람들이 의식적으로 자행하거나, 오염의 심각성을 잘 알지 못한 사람들의 무의식적인 행동의 결과로 발생하기 때문에 강력한 법적제도와 지속적인 홍보가 동시에 이루어져야만 소기의 목적을 달성할 수 있다.

이번 낙동강 수질오염 사건은 우리나라가 그동안 얼마나 무모하게 산업화의 길을 달려왔는가를 극명하게 나타낸 사건이다. 지난 몇십 년 동안 GNP 몇 퍼센트 성장이라는 고도성장 일변도의 정책추진 중에 국가의 최고 책임자의 입에서 '먼저 경제성장부터 이루고 나서 공해문제를 해결하면 된다'는 말이 스스럼없이 튀어나왔던 무지가 자연을 심각한 상태로 파괴시켰다. 또한 이윤만을 추구하는 기업주의 경영태도는 인스턴트 식품에서까지도 유해물질을 마구 집어넣는 정도여서 강물에 폐수를 내쏟는 문제는 훨씬 더 양심적이라고 생각하고 있는지도 모른다.

국토를 개발한다는 명목으로 산을 마구 깎아내리고 강과 바다를 메워서는 안 된다. 비탈진 곳에 그대로 집을 짓고 시냇물을 살리면서 도시를 만드는 일이야말로 진짜 사람을 위하는 것이다.

템즈 강에 연어가 사라진 지 백오십 년 만인 1971년에야 수면 위에 연어 모습이 떠올랐다고 하니 한 번 파괴된 자연을 원상으로 되돌리기가 얼마나 어려운가를 알 수 있다.

공동체 의식과 신토불이

법화경의 불이문에 신토불이(身土不二)란 말이 있다.

최근 우르과이라운드 협상 타결로 외국 농산물이 마구 수입되어 우리 농산물이 큰 타격을 받게 되자 우리 땅에서 재배된 농산물이 우리 몸에 좋다는 뜻으로 신토불이란 말이 약방의 감초처럼 사용되어 어느 컴퓨터 회사는 잽싸게 '컴퓨터도 신토불이'라고 일간지에 대문짝만하게 광고하는 순발력을 발휘했다.

身土不二. 그야말로 자연과 인간은 둘이 아니고 하나이다.

자연을 병들게 하면 바로 자기 자신이 병든 인간이 되고 만다. 신토불이는 단순히 이 땅에서 생산한 농산물이나 먹자는 구호로서 가볍게 사용될 말이 아니라 바로 땅을 살리고 자연을 보존하는 길이 내 몸을 살리는 지름길이라는 사실을 일깨운다.

자본주의의 병폐 중의 하나인 나만 잘살면 된다는 극단적인 이기주의가 불식되지 않고는 자연파괴는 멈춰지지 않을 것이다. 공동체 의식을 확산시켜 더불어 사는 사회를 건설하겠다는 높은 도덕성이 생산자나 소비자에게 다 같이 절실히 요구된다.

우르과이라운드로 아무리 값싼 외국 농산물이 홍수처럼 밀려와도 정말 오염되지 않은 양질의 신선한 우리 농산물을 믿을 수 있는 구매처에서 믿고 구입할 수만 있다면 우리 것은 살아남을 수 있으리라 확신한다.

　사람이란 잘살면 잘살수록 자기 것을 되돌아보고 소중히 여기는 것이 인간의 본성인지라 GNP가 오른 만큼 우리 것에는 자생력이 붙을 것이다.

　농촌에 보다 고급 인력이 투입되고 과학화가 이루어져 현대 산업사회에 걸맞는 변화를 하루빨리 모색해야 할 일이다.

　1844년 24세의 엥겔스가 영국의 산업혁명 현장에서 직접 보고 들었던 문제점들을 그의 예리한 통찰력으로 간파했던 '노동자를 착취하고 공해로 얼룩진 것이 자본가가 만들어낸 산업혁명의 현장이더라'는 고전적인 얘기를 다시 한 번 음미할 필요가 있다.

　전국의 강물이 죽어가고 대기오염으로 알르레기 환자가 급증하고 있는 이때 진정한 신토불이의 뜻을 되새겨야 할 것이다.

정상적인 정신상태란

현대인들은 건강에 대해서 관심이 대단하다. 그러면서도 건강하면 육체적인 건강을 먼저 떠올리고 정신적인 건강은 소홀히 하는 경향이 많다. 그러나 사람은 정신과 육체가 모두 건강해야 진정한 건강을 누리고 있다고 할 수 있다. 정신이 육체를 지배하고 있음이 명백한 이상 정신적인 건강 없이는 육체적인 건강을 기대할 수 없다. 장수하는 사람들은 모두 정신이 건강했던 사람들이다.

그러나 우리나라 사람들은 정신과에 가서 치료받으라고 주위 사람들이 권하거나 의사들이 충고를 해도 '내가 어디 정신이 이상하냐'며 화를 내거나 기분 나쁘게 받아들인다. 내과 환자의 70퍼센트는 심리적인 요인이 관여하고 있고 50퍼센트는 정신과 치료를 받아야 할 심신증이나 신체화장애를 동반한 신경증과 건강염려증 또는 우울증 환자들임이 확실하다. 정신이 건강하지 못하다는 것은 단순히 정신이 흐리거나 기억력이 없거나 정신이 이상하다는 뜻뿐 아니라 스트레스가 잘 해결되지 않으면 신체 모든 부위에 이상을 가져올 수 있기 때문에 훨씬 광범위하고 포괄적인 뜻을 담고 있다.

정신이 건강하다는 것은 무엇을 뜻하는가? 여러 가지 개념이 있으나 크게 네 가지로 요약할 수 있다.

첫째는 정신병리가 없어야 한다. 정신병리란 외모에서부터 시작해서 행동이나 사고, 감정, 지각, 기억 의식 등 정신기능에 이상이 없어야 한다는 것이다. 외모가 걸맞지 않다든가, 행동이 이상하다든가 감정의 기복이 심해서 개인이나 사회생활에서 지장을 받고 있다면 문제가 되고 망상 같은 사고의 장애가 있으면 정신병에 걸렸다고 볼 수 있다. 또한 기억의 손상을 받았다든지 지각이나 의식이 잘못 되어도 일단 정신병리가 있다고 볼 수 있다.

둘째, 수학적인 개념으로 평균치에 드느냐 하는 개념이다.

그야말로 보통사람, 평범한 사람, 모나지 않은 사람, 절대수가 지향하는 생활이나 태도를 지녔을 때 정상적인 정신의 소유자라고 할 수 있겠다. 극단적인 예이긴 하지만 천재는 보통사람과 다른 면이 있기 때문에 정신적으로는 정상의 개념에서 벗어나 있다고 볼 수도 있다.

세 번째는 이상적인 사람으로서의 정상이라는 개념이 있다. 예수나 석가모니같이 정신의 최고봉에 있는 사람을 정상으로 본다면 보통사람들은 모두 정신적으로 병들었거나 부족한 사람이라고 할 수 있다. 불교에서 수도를 하는 것도 이런 이상적인 경지에 들어가기 위해서이고, 기독교에서 하느님의 심성을 닮으려 하는 것도 결과는 마찬가지이다.

네 번째는 상호교류가 원활한가 하는 개념이다. 원만한 대인관계와 의사소통이 사회생활에서 제일 중요하고 사람과 사람과의 관계에서 인간의 가치가 인정되기 때문에 정신건강에 기준점이 될 수 있다.

이와같이 네 가지 개념이 정상적인 정신상태를 평가하는 기준이 될 수 있지만 모두 일장일단이 있다.

한편, 정신건강의 문제는 여러 가지 요인이 관여한다. 체질, 환경, 성격 등이 조화를 이루지 못했을 때 정신건강은 무너진다.

오늘날은 인간의 정신을 분자생물학적인 입장에서 설명하려는 시도가 활발해졌다. 즉 호르몬이나 신경전달물질에 따라 정신적 기능이 달라지고, 내분비의 균형이 깨어져도 얼마든지 정신건강에 이상이 올 수 있다는 것이다.

마음이 우리 몸의 주인

환경과 관련된 스트레스가 현대병의 원인이 된다는 사실이 이제 상식이 되었다. 공해와 관련된 자연환경의 파괴도 큰 스트레스가 되지만, 무엇보다도 대인관계에서 오는 스트레스가 제일 문제이다. 치열한 경쟁을 치러야 하는 현대생활에서는 하루하루 생활이 마치 전투를 치르는 것과 같다.

그런데 이런 주위환경에 대처하는 것은 개인의 성격에 따라 결정되기 때문에, 스트레스를 잘 받는 완고하고 융통성이 적은 성격은 정신건강을 해치기 쉽다. 개인이 소중히 하는 가치관, 인생관에 따라서 주위 상황을 평가하기 때문에 똑같은 일이 벌어졌어도 스트레스 정도는 달라진다.

그러면 정신건강을 유지하기 위해서는 어떻게 해야 할까? 먼저 체질을 파악하고 강화시켜야 될 것이다. 환경을 개선할 수 있는 데까지 개선하고 그에 대한 대응방식을 적절히 구사해야 한다.

또한, 자기 자신의 성격을 파악하고 대처하는 방안을 계속 모색해 나아가야 한다. 그러기 위해서는 욕심을 버리고 분수를 지킬 줄 아는 삶의 태도가 필요하다. 수시로 마음을 정리하고 포기할 것은 과감히 포기하는 태도를 지녀야 한다. 기본적 본능은 건설적이고 합리적인 방향으로 해결하도록 노력하며, 양심의 가책이 생기지 않도록 처신하는 것도 정신건강을 유지하는 데 중요하다.

사회적 요구를 받아들이는 현실감을 가지고 있을 때 마음의 균형을 잃지 않는다. 결단의 순간에서는 심사숙고하되 가능한 한 빠른 시간 내에 방향을 결정하는 것이 좋다. 어려운 상황에서는 자기 자신의 마음이 가장 편안한 쪽으로 일을 결정해나가는 것이 고통을 최소화하는 방법이다.

생사관을 확립하고 있어야 한다. 건강염려증이나 우울증 등 정신적인 불건강 상태는 대부분 죽음에 대한 두려움이나 오래 살고 싶은 욕심에서 비롯되는 경우가 많다.

누가 죽는 문제를 피할 수 있고, 자기가 바라는 대로 생명을 연장할 수 있겠는가? 인간의 능력을 벗어나 있는 문제에 매달려 있는 것같이 어리석은 일은 없다. 사람은 살아 있는 날까지만 최선을 다하면 되는 것이다. 오늘 하루를 마지막 날같이, 하루를 영원같이 진지하게 열심히 살아간다면 정신은 병들지 않는다.

동의보감 내경편에 심자일신지주(心者一身之主)라는 말이 있는데, 즉 마음이 우리 몸의 주인이라는 뜻이다. 정신이 건강해야 육체도 따라서 건강하게 된다.

담배와 건강

　1492년 콜롬부스가 아메리카 대륙을 발견하고 난 뒤 기호품으로 전세계를 휩쓴 것은 아마 담배가 첫번째일 것이다. 콜롬부스 일행은 처음엔 담배에 별 관심을 가지지 않았는데, 스페인의 어느 대학 교수가 담배의 약효에 대해서 발표하자 그 효능을 맹신하면서 삽시간에 전세계로 퍼져나갔다고 한다.
　우리나라에도 역시 17세기경에 담(痰)을 치료하는 데 특효가 있다고 알려지면서 남녀노소 사회각층으로 퍼지기 시작했다. 하멜의 표류기에도 '조선사람은 4~5세만 되어도 모두 담배를 피운다'고 적혀 있으니 거의 무분별하게 사용되었던 것만은 확실한 것 같다.
　오늘날 담배가 건강에 해롭다는 사실을 의심할 사람은 아무도 없다. 담배연기에 함유되어 있는 물질은 니코틴, 일산화탄소, 시안화수소, 타르 등인데, 이러한 물질들이 건강에 직접적인 영향을 미친다.

니코틴은 자율신경을 자극하고 마비시키는 작용을 한다. 담배를 피울 줄 모르는 사람이 갑자기 담배연기를 들이마시면 오심, 구토, 두통, 무기력 등의 급성 중독현상을 일으킨다. 만성 중독은 소화불량, 위궤양, 기관지염, 부정맥, 고혈압, 불면증, 신경증 등을 일으킬 수 있다. 또한 심장병이나 천식환자들의 증상을 악화시킨다.

타르 속에는 폐암을 일으키는 물질이 함유되어 있어 폐암으로 인한 흡연자의 사망율은 비흡연자에 비해 무려 일곱 배 가량 높고, 게다가 음주와 흡연이 병행되었을 때는 열 배 이상인 것으로 밝혀졌다.

담배, 왜 못 끊나

최근 보고에 의하면, 우리나라에서 흡연으로 인한 사망자수는 일 년에 약 2만 3천여 명에 이르고, 그중 폐암으로 인한 사망자는 7천 명 정도인 것으로 알려져 있다.

이와같이, 담배가 해로운 줄 알면서도 끊지 못하는 이유는 심리적, 신체적 의존상태를 만들기 때문이다. 그래서 담배의존이 정신과적 병명으로 분류되기에 이르렀다. 최소 한 달 이상 계속 담배를 피웠거나, 끊으면 금단증상이 나타나거나, 담배 때문에 신체질병이 악화됨을 알면서도 끊지 못할 때 의존상태로 진단한다.

대개 하루 열 개비 이상 수 주일 피우다가 갑자기 중단하면 스물네 시간 이내에 불안정, 집중력 곤란, 두통, 졸음, 담배에 대한 갈망 등이 금단증상으로 나타난다. 바로 이 금단증상 때문에 금연이 힘들고, 일 년 이상 금연에 성공하는 사람이 불과 25퍼센트이어서 알코올 중독과 마찬가지로 담배 중독도 의학적인, 사회적인 문제로 대두된 것이다.

WHO 94년도 통계에 의하면, 한국의 성인 남자 70퍼센트가 담배를 피우고 있고, 아시아에서는 흡연인구가 캄보디아에 이어 두 번째라고 한다. 선진국과 마찬가지로 우리나라도 점점 금연운동이 확산되고 있지만, 청소년이나 여성 흡연자는 점점 늘어가고 있으니 큰 사회적인 문제가 아닐 수 없다.

금연이 어려울 때는 하루에 최소한 열 개비 이하로 줄이고, 아침 식전만이라도 금연해야 한다. 기상 직후 막바로 양치질하면 아침 담배를 줄일 수 있다. 담배가 생각날 때 냉수 한 컵을 마시는 것도 담배에 대한 욕구를 해소하는 데 효과가 있다.

그러나, 무엇보다도 자기 자신에게 담배가 백해무익하다는 부정적 암시를 주면서 일시에 끊어야 금연에 성공할 수 있다.

아내를 알면 세상이 새롭다
첫판 1쇄 펴낸날 1994년 11월 15일
지은이 · 이정남 ⓒ/펴낸이 · 김혜경/펴낸곳 · 푸른숲
서울시 서대문구 충정로 3가 270 백왕인쇄문화 4층, 우편번호 120-013
출판등록 · 1988년 9월 24일 제11-27호
전화 · (편집부) 364-8666 (영업부) 364-7871~3/팩시밀리 · 364-7874

값 5,800원

✽ 잘못된 책은 바꾸어 드립니다.
    ISBN 89-7184-081-1 03810

✽ 저자와의 협약에 의해서 인지는 생략합니다.